一本书读懂世界经济

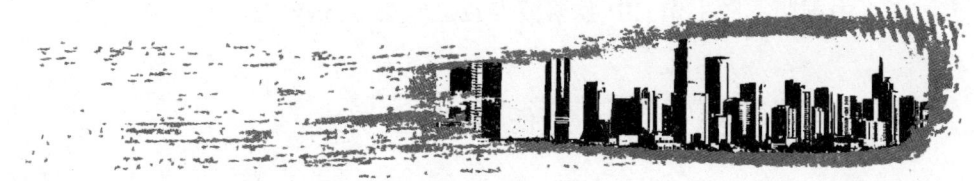

陈玉新 著

中国商业出版社

图书在版编目（CIP）数据

一本书读懂世界经济/陈玉新著. -- 北京：中国商业出版社，2018.3

ISBN 978-7-5208-0203-1

Ⅰ.①一… Ⅱ.①陈… Ⅲ.①世界经济—通俗读物 Ⅳ.① F11-49

中国版本图书馆 CIP 数据核字 (2018) 第 015850 号

责任编辑：姜丽君

中国商业出版社出版发行
010-63180647 www.c-cbook.com

（100053 北京广安门内报国寺 1 号）
新华书店经销
北京明月印务有限责任公司印刷
*
700×1000 毫米　16 开　13.75 印张　220 千字
2018 年 6 月第 1 版　2018 年 6 月第 1 次印刷
定价：39.80 元
****
（如有印装质量问题可更换）

目录
Contents

- 001　序：破解世界经济迷局
- 001　**第一章　经济危机与大国博弈**
- 001　　不但输出文化，美国还可以"输出危机"
- 005　　中国为什么要不断借钱给美国
- 009　　英国脱欧背后的经济博弈
- 013　　美国减税，全世界目瞪口呆
- 017　　东京登顶失败启示录
- 020　　美国政府又"关门"了
- 024　　市场经济地位真的那么重要吗？
- 029　**第二章　国际热钱与货币战争**
- 029　　热钱，国际金融背后的汹涌暗流
- 034　　国际热钱为什么从不挑战美国
- 037　　不是阴谋论的货币战争
- 041　　如何看待人民币升值
- 044　　从风云一时的"四小虎"到破产亚洲
- 048　　影子货币，是机会还是圈套？

I

051	金融国际化的利与弊

第三章 美元霸权与国际货币

057	凭什么让美元当老大
061	神秘莫测的美联储
064	美元贬值的背后真相
068	未来，谁敢去挑战美元
072	债务危机欧元末路，谁该为之高兴
076	人民币的崛起之路
079	为什么人人都想当国际货币

第四章 全球股市与资本运作

083	美股，美国控制世界经济的另一个武器
087	在美国上市的企业是爱国还是卖国
090	到开曼群岛注册公司仅仅是因为避税吗？
094	全球资本市场以谁为风向标
098	暴利的军火和毒品交易
102	粮食将成为霸权国家的新武器？
106	风靡全球的比特币

第五章 全球房地产市场

110	楼市泡沫，所有国家都经历过的痛
114	房地产行业与世界经济大局
118	全面解读次贷危机
122	各国房地产政策对比
125	房价战争的背后是资本的战争
129	买不起房的"世界青年"

目录

第六章　能源危机与环境保护

- 134　能源发展的变迁史
- 138　能源是经济的血液
- 141　大国博弈下的石油战争
- 145　能源的安全就是国家的安全
- 149　世界能源格局大洗牌
- 153　页岩气革命，未来的"石油战争"
- 157　环境问题不是阴谋，环境谈判是阴谋

第七章　世界工厂与产业布局

- 161　经济全球化的"阴谋"
- 165　产业分工，好处是有钱人的
- 169　新时代的全球产业链格局
- 173　世界工厂的"搬迁"历史
- 177　左右世界政局的跨国企业
- 181　美国产业转型之路
- 185　在痛苦中完成产业结构转型

第八章　全球经济大势

- 189　转型中的全球经济
- 193　从TPP到CPTPP，反复无常的美国要干什么？
- 197　美国的经济霸主地位是否会动摇
- 201　美国第一之后，世界由谁来带领
- 205　2018年全球资本大势

序

破解世界经济迷局

世界经济是一盘大棋,牵一发而动全身,十年前美国的一场次贷危机让整个世界都跟着遭了殃。而今,随着经济危机阴霾的散去,世界各国纷纷走上转型发展的道路。但通过比较会发现,美国依然是那个"超级大国",成功将金融危机转嫁出去的美国已成为经济恢复发展最快的国家。当然,中国依然保持着持续发展的势头,各项经济指标正常,人民生活水平也在不断提高。

如果我们没有系统学习过经济学的基本知识,可能在看待世界经济的时候会像上面介绍的一样,将国家与国家割裂开来,——美国发展得好,中国发展得好,欧洲还没有走出债务危机等。但是通读本书之后你会发现,世界经济是一个整体,美国的经济发展政策在很大程度上影响着其他国家经济的发展。

为什么是美国的经济政策影响着其他国家的经济发展呢?为什么美国的次贷危机能够影响到整个世界,而俄罗斯的经济危机却只局限于本国之内？难道世界经济不是牵一发而动全身的吗？世界经济确实是一个整体，尤其是全球化程度日益深化的今天，世界经济的联系更加密切，但并不是说在这个整体中的任何一个个体出现了问题，其他个体都会跟着出问题。当然，美国是一个例外，美国出了问题，世界上的大多数经济体都会跟着出问题。

看上去这实在是有些不可理喻，这样岂不是说世界经济都要唯美国马首是瞻吗？虽然我们并不愿意承认，但世界经济的历史发展到今天，美国确实是整个世界的"马首"，或者也可以说是世界经济的霸主。

但到了今天，美国在世界经济领域的影响力已经大不如前，一场经济危机让美国在世界范围内的声誉大幅下降。但瘦死的骆驼毕竟比马大，更何况这只骆驼也并没有瘦下去多少。当人们正在议论着谁会成为美国的接班人时，美国的新任总统向世界投放了一枚重磅炸弹——减税法案。这又让刚刚从经济危机中恢复过来的其他国家的前途蒙上了一层阴影。

为什么只有美国能够转移经济危机？为什么美国作为经济霸主依然要到处借钱？为什么曾经辉煌一时的日本经济大厦轰然崩塌？为什么美国要去中东地区"维护世界和平"？为什么中国要牵头成立亚洲基础设施投资银行？为什么特朗普政府要在负债累累的情况下实行大力度的减税法案？

关于这些问题的答案，在本书中你都可以找到，看似相互独立的经济问题实际上都有一条重要的经济主线来串联。是什么决定了美国能够成为世界经济的霸主，又是什么让被寄予厚望的欧元折戟沉沙，人民币的国际化之路究竟是一条坦途还是困难重重？学习世界经济，你必须要透过这些现象了解它们的内在本质。

另外，在这本书中你还会了解到世界性经济危机背后的大国博弈，国际热钱引发的资本市场动荡，美元霸权主导下的世界货币体系，资本运作

序
破解世界经济迷局

带来的暴利收入,以及能源、房地产、工业制造等要素是如何影响一个国家经济的发展的。本书将重点剖析这些问题,通过通俗易懂的语言向读者讲述这些问题背后所蕴藏的各种经济学道理。

世界经济看上去像是一张杂乱无章的蛛网,但实际上当你提起蛛网的一端后就会发现,这张网的脉络十分清晰,若是顺着一条线索发掘下去,你会找到大多数经济问题背后的经济学原理。

所以说,世界经济并不难学,想通过一本书了解世界经济也并非没有可能。当然,作为一门庞大的学科,想要通过一本书将世界经济的各种问题一网打尽是不可能的,所以本书只为读者介绍那些生活中或是新闻中经常遇到或听到的经济问题。力求让读者通过本书对于这些问题的解读而对世界经济有一个大致了解,从而能够更好地搞清一些经济现象背后的为龙去脉,同时对国家的一些经济政策也能够有一个明确认知,这是本书写作的一个重要目的。

生活中处处都蕴含着经济学,中国正处在经济转型的重要时期,密集的经济政策让人眼花缭乱,这些经济政策的出台究竟是出于何种目的?作为世界经济的一个重要组成部分,中国经济在新时代展现出了旺盛生命力,在世界舞台上大放异彩,所以我们在看待中国的经济政策时也要从世界经济的角度去观察,只有这样才能全面、系统地了解其背后所蕴含的经济学原理。

展望2018年,世界经济将会迎来更大的挑战,美国特朗普政府减税法案的施行必将掀起一波世界范围的减税热潮,这对于发展中的经济体来说并不是一件好事,如何做好应对将会成为决定这些国家未来经济发展的关键。中国正处于经济转型的重要阶段,面对美国的减税法案又会做出怎样的决策,是否会影响到中国经济改革的成败,我们将在2018年看到答案。

欧盟、日本、俄罗斯是继续在领先者背后徘徊，还是异军突起重新找回昔日的辉煌，这些都是2018年值得关注的焦点。

当然，世界经济内涵丰富，并不是一个人能够完全讲通而又毫无缺陷的，如果您在阅读本书的过程中对于某些问题的解读有异议，可以随时与我们沟通交流。

第一章

经济危机与大国博弈

不但输出文化,美国还可以"输出危机"

在当今世界上,美国依然是当之无愧的唯一超级大国。虽然中国已经在大国的道路上飞速追赶,但是我们不得不承认,美国作为世界经济霸主这一地位仍无法撼动。

这其中的原因是多种多样的,我们没有办法条分缕析地分析。但是透过方方面面的因素,我们却可以发现,美国之所以能够长期占据世界经济霸主的宝座还是有其必然性的。

在这里,我们从经济危机的角度出发,从美国开始,慢慢解开在经济危机背后大国之间的对垒博弈之谜,从而一步步去了解世界经济这个看似迷雾重重但实际却并不那么玄妙的迷局。

我们说到美国长期作为世界经济的霸主，其中的原因是多种多样的。但在这众多原因之中，有一点是我们在这里需要详细分析的，那就是美国可以扩散经济危机，从而减小本国在经济危机之中所受到的影响。

简单来说，就是我感冒了，就传染给你，虽然我可能也好不了，但至少你也好不了。当然，这只是一个小幽默，美国对外"输出经济危机"不能够这么简单地去理解。

距离自2007年开始的全球性金融危机已经过去了十多个年头，在这期间，世界经济进入了缓慢的恢复期。尤其是进入到2018年，世界经济开始全面复苏，重建被经济危机摧毁的家园固然重要，但是暗潮涌动的新的经济危机也不得不提前提防。

在全球经济已经逐渐趋于稳定的今天，如果说还有什么令人担心的经济隐忧的话，美国的债务危机可以说依然是一个避不开的话题。美国的债务危机就像是摆在台面上的一枚定时炸弹，没有人知道它什么时候爆炸，当然更没有人希望看到它爆炸。

美国拥有着世界第一位的GDP总值，有着举世瞩目的经济体系，有着通行世界的美元，有着极为庞大的金融市场。但是，却很少有人知道美国同样拥有着令人难以置信的债务。

世界经济霸主还需要对外借钱？这不就好像是首富要向穷人借钱一样吗？事实上，首富确实是在向穷人借钱，而美国作为世界经济的霸主也同样在向世界上的其他国家借钱。如果说美国在发展国民经济时有什么诀窍的话，那么借债可以说是一种重要手段。

这种用别人的钱来发展自己经济的做法，相信没有哪个国家会拒绝，但并不是哪个国家都能够对外借到钱的。更何况，也没有哪个国家愿意把

第一章
经济危机与大国博弈

自己的钱借给别的国家,让别的国家用自己的钱去发展经济,然后拉开与自己在经济方面的距离。

但是美国偏偏就能够借到钱。这是因为,作为世界第一大经济体,美国可以说是世界上经济最为稳定的国家,而美元也同样在世界上有着其他货币所无法比拟的流通能力。世界上的其他国家通过购买美国国债来将自己的经济与美国经济联结在一起,可以说这是一种稳定本国经济和金融体系的投资行为。

一个国家的对外投资也是如此。或者说国家在对外投资时,会更加看重投资的安全性,而不是收益性。所以,将钱借给经济实力最为强大的美国来作为资金保值升值的一种手段,可以说是最安全不过的了。当然,美国也正是利用这种心理来大举对外借债,发展本国经济的。

讲到这里,我们可以知道,不是世界上的任何一个国家都愿意借给美国钱,去让其发展自己的经济。更多时候,是没有办法不购买美国的国债,毕竟要为了本国经济的稳定,最好的方法就是同美国的经济联结在一起。

当然,这种联结在一起也就意味着当美国出现经济危机时,其可以通过这种联结关系将危机转移到其他国家,从而减少自己受到的负面影响。

所以,在美国对外"输出危机"这件事上,世界各国需要购买美国国债是一个主要原因。当然,美国这个债务人也并不老实,利用世界各国在经济上对于其的依赖,美国可以通过调节自身货币价值的方式来进行不对等的金融交易,而这也是其对外"输出危机"的一个重要手段。在这里先来谈一谈美国的货币美元是如何在对外"输出危机"的过程中发挥作用的。

我们知道美元是全球通用货币,而美联储也相当于是全世界的中央银行。每个国家都有中央银行，但美联储却是全世界的中央银行。我们经常会在经济新闻之中听到"美联储要加息了，中国是不是也要有所动作了？"美联储的一举一动都会牵动整个世界各国的经济政策。

2008年次贷危机的发生便与美联储的货币政策有着重要关系。美国为了自身经济的发展，不断刺激着国民的消费欲望。同时美联储也不断降低利率，这也极大降低了美国居民的储蓄欲望，为经济危机的爆发埋下了隐患。

由于美元特殊的地位，当美元升值的时候，其他国家的资本便会涌入到美国，美国因此便获得了廉价的资金来发展自身经济。而当美元贬值的时候，美国的债务压力就会减轻。可以说，美国怎样做都对自己有利。

在2008年，全球性金融危机从美国开始，逐渐扩展到了整个世界。为了减轻本国的经济危机压力，美国凭空印出了大量货币，而这些资金则全部进入了新兴市场国家，用来购买优质的商品、土地和资源。

而后，美国又通过让美元贬值从而炒高全球资产。这样做是为了等待经济复苏之后，当热钱回流美国之后，再在高点处抛售别的国家的资产，从而做空大宗商品。这样一来，美国在经济危机之中的损失将会得到弥补，而一些新兴市场国家的经济则会产生剧烈动荡。

正是能够利用美元进行这种低买高卖的行为，所以即使经历了经济危机，美国的经济财富依然能够得到增长，或者说要比其他国家恢复得更快一些。相比于美国的文化输出，美国在经济方面的输出更加值得关注。了解到这一问题，对于研究世界经济的发展是十分必要的。

| 第一章 |
经济危机与大国博弈

中国为什么要不断借钱给美国

美国财政部在2018年1月17日公布的数据显示，2017年11月，中国减持126亿美元美国国债。截至2017年11月，中国持有的美国国债总额下降到了1.1766万亿美元，仍然是美国的第一大债权国。据此，美国媒体认为这说明世界第二大经济体对美国国债的兴趣在减少，难道中国要开始不再借钱给美国了吗？

很快，在1月18日，国家外汇管理局新闻发言人、国际收支司司长王春英便回应称，中国的外汇储备始终都是按照多元化、分散化原则进行投资管理的。我们的一个很重要任务是保障外汇资产总体安全和保值增值。至于在具体的投资品种上，购买美国国债和进行其他投资一样，都是一种市场行为，是根据市场状况和投资需要来进行专业化管理的。

看样子，钱还是要借的，借多借少都是根据市场状况来定的。从前面的小节中我们知道了美国为什么会向世界各国借钱发展自己的经济，同时也知道了为什么世界各国不得不借钱给美国让其发展经济。可能有人要问，中国经济正在飞速向前发展，各个方面的建设都需要资金的支持，为什么中国还要将钱借给美国呢？

事实上，借钱给美国的也并非中国一家，世界上大大小小的国家都会去购买美国国债。从购买数量上来说，日本只比中国少一点。而同样是来自美国财政部的数据显示，日本在2017年11月也同样减持了美国国债。而除了各个国家之外，美国国债最大的买主是美国国内的银行、机构和个人。

那么，中国为什么要不断借钱给美国呢？在前面的小节之中在我们有所提及，但并不详细。想要了解其中的缘由，我们必须要从多个角度去认识这个问题。在前面的小节之中，我们更多的是从美国的角度来看待这个问题的。在这里，我们就从中国自身的角度来重新认识一下这个问题。

在面对这一问题时，很多人认为一个国家外汇储备越多，这个国家就越有钱，这种观点其实并不正确。中国的外汇储备多，但这并不表明中国很有钱。作为外汇管制的国家，中国企业依靠出口获得的美元必须要在央行兑换成人民币之后才能在国内使用。这样一来，我国的企业出口得越多，国家手中囤积的美元就越多。当然，在进口时，企业也需要将人民币兑换成美元进行交易。

另外，在中国加入了WTO组织之后，诸多领域的市场相继开放。这种开放的姿态以及广阔的市场前景令外资企业心动不已，一时间，外国企业对华投资激增。而外国企业想要到中国进行投资，就需要到央行将手中的美元兑换成人民币，然后才能在国内市场进行投资活动。这样一来，大量的美元囤积在央行手中，但是央行的实际财富却并没有增长，因为这些美元都是用人民币兑换来的。

国家手中的美元越多，也就表明国家的外汇储备就越多，但这些外汇储备都是用人民币等价交换来的，所以并不是中国白白赚到的美元。所以，我们也就不能单纯依靠外汇储备的多少来判断一个国家是否有钱。

之所以会出现这样的认识误区，是因为，相对于进口来说，中国的出口实在是太多了。这也使得大量美元囤积在央行之中。虽然从个人的角度来说手中的钱越多越好，但是在国家的层面上，这不断囤积起来的美元却像是一块烫手的山芋一样。万一哪一天美元出现大幅贬值，这就是一笔巨大的损失了。所以，必须要将不断囤积的美元花出去才行。

那么，花就去花呗，为什么非要通过购买美国国债把钱借给美国呢？

第一章
经济危机与大国博弈

对此，中国曾进行过相应的尝试，那就是让国企拿着美元去国外投资。这样一来，不仅能够消减掉手中的大笔美元囤积，同时如果投资获得收益也是一件好事。

但是，从最终的效果来看结果却并不理想，也可以说是十分不理想。去国外进行投资的国企大多出现了亏损，极少数能够不亏损的赢利能力也十分有限。也正因如此，利用外汇去进行对外投资这条路一时之间是无法走通了。想要花掉这些钱，还需要寻找其他方法。

事实上，除了鼓励国企对外投资外，中国还进行了其他方面的投资尝试，但算来算去似乎只有购买美国国债最为合算。选择别的投资方式风险太高，选择别国的国债在信誉度上又没有美国国债安全，购买实物又消化不了这么多美元。所以，从安全性、回报率和流通性的角度来看，购买美国国债是最为合适的一个选择。

其实，这就像我们个人投资一样，当我们手中有了一笔钱时，如果一下子花不完，投资是一种最好的选择。但在选择投资方式的时候，我们则需要考虑收益是多少、投资是否安全等等问题。这时，我们可能会拿出一部分钱来购买股票，虽然风险比较高，但同时收益也是比较高的。我们还会再拿出一部分钱来进行银行储蓄，因为这样可以保证我们的财富增值，虽然其收益较低，但是基本上不会有什么风险。

中国购买美国国债也正是出于这样的考虑，如果将过多的美元攥在手中的话，不增值倒还是小事，如果美元贬值的话，其损失将是难以估量的。所以，将美国国债作为一种投资是十分正确的选择，正如上面所说，这是一种正常的商业行为。当然，购买美国国债也就意味着中国将自己的钱借给了美国。

在另外一种层面上，中国购买美国国债也能够保障自身的外汇安全。

前面我们说过，中国依靠出口获得美元，而在进口的时候也同样需要使用美元。如果没有美元便无法进行对外贸易，也就是说外汇储备是一定不能出现问题的。但这里有一种极端的情况，我们可以设想一下：如果美国联合所有在中国的外资企业，想要同一时间撤离中国市场，会出现什么样的情况呢？

外资企业撤出中国市场肯定会把所有的资金都带走，而它们当然不会选择带走人民币。所以，去央行将人民币兑换成美元便成了它们的必要选择。如果说一家企业撤离还好说，但是当所有外资企业同时撤离时，央行需要兑换的美元便是一个十分庞大的数字了。

如果这时我国的外汇储备全部用来对外投资实体经济或者是股票、黄金的话，那么回收资金会十分困难，这也是政府不将外汇储备全部投资于这些方面的原因。但投资美国国债就不一样了，美国国债可以说是全球流通性最强的国债，可以随时在二级市场进行抛售。

虽然短时间内抛售大量美国国债在收益上会损失不少，但是至少能够应对这种极端情况的出现。如果出现小规模的外资撤离就小规模卖掉美国国债、出现大规模的外资撤离就大规模卖掉美国国债，那么外汇储备所面临的流动性危机便自然而然地会被对冲掉。

也正是由于这种原因，世界各国政府都在争相购买美国国债，也就是说借钱给美国的不仅仅只是中国。虽然购买美国国债仍然存在很多问题，但无论是从安全性、稳定性、增值性还是在流动性方面，美国国债都具有明显优势。所以，对于中国来说，借钱给美国可能是一种保护中国外汇储备的最佳选择。

| 第一章 |
经济危机与大国博弈

英国脱欧背后的经济博弈

英国脱欧这件事最早可以追溯到2013年。在2013年1月23日，时任英国首相卡梅伦首次提到了脱欧公投，但在当时并未引起社会和媒体的广泛关注。到了2015年1月4日，卡梅伦表示，如果有可能，将会在2017年举行脱欧公投。同年5月28日，英国政府向下议院提交并且公布了有关"脱欧公投"的议案，并承诺将在2017年底之前举行投票。

当卡梅伦第一次提出举行脱欧公投的想法时，英国的《金融时报》进行了一项名为假设明天就举行英国去留欧盟的公投，有2114名成年人参加了此次活动。从结果来看，有50%的英国人对于举行全民公决表示赞同。其中45%的人认为欧盟成员资格对英国有利，而有34%的人则持相反观点。

这47%之中的脱欧支持者认为，如果英国能够在与欧盟合作伙伴的谈判上捍卫自己的权益，那么将可能改变自己的主意。大多数受访者都希望欧盟能够改变在移民和司法领域的一些政策，从而让英国在欧盟之中获得更多的利益，而不是像现在这样。

英国民众对于脱离欧盟的情绪日益高涨，最终英国的脱欧公投投票在2016年6月23日举行。持续了近15个小时的公投，最终以52%比48%的结果告终，支持脱离欧盟的声音占了主流。

虽然有超过400多万人签名请愿发起第二次公投，但在2016年7月9日，英国政府正式拒绝了这412.5万人发起的举行第二次退欧公投的请愿。

在2017年2月1日，英国的议会下议院投票通过了政府提交的"脱欧"法案，授权首相特蕾莎·梅启动"脱欧"程序。3月16日，英国女王伊丽莎白二世批准了"脱欧"法案。3月20日，英国首相新闻发言人对外公布，英

国决定在3月29日向欧盟正式提交脱欧申请,同时,启动里斯本条约的50条开始脱欧谈判。

在2017年11月10日,英国与欧盟的第六轮"脱欧"谈判在布鲁塞尔结束,但却并没有就"分手费"、公民权利和英国与爱尔兰边界等核心议题达成一致。想要彻底完成脱欧这件事,英国还有一段路要走,但显然,这条路并不好走,每一步都需要付出沉重的代价。

从表面上看,英国脱欧可能是一个政治事件,但实际上英国脱欧更是一起经济事件,其中所牵涉的经济利益十分复杂,而由于全球经济一体化的影响,英国脱欧背后所牵扯到的利益各方更是广泛而复杂。英国在大洋彼岸煽动了一下翅膀,整个世界都产生了起风的感觉。

在谈及英国脱欧背后的经济博弈之前,我们首先应分析一下英国脱欧的原因,从这一点出发,我们可以看到在英国脱欧背后所牵扯出的长长的利益链条。

从英国经济发展的角度来看,留在欧盟市场对英国的经济是有好处的。但为什么不仅是英国首相,就连英国的民众都对于"脱欧"如此积极呢?其实,在这之中有着深刻的经济根源。

首先,英国加入欧盟市场的主要原因就是为了享受在单一市场中的实惠。加入欧盟单一市场,对欧贸易免收关税,这无疑是非常具有吸引力的。但随着最近几年欧洲经济的整体低迷,市场需求量也开始不断下降,等待经济的复苏显然会浪费掉大把时间。

由于作为欧盟的成员国,英国没有办法直接与美国或是中国等市场进行直接的双边贸易谈判,所以一些英国人希望能够摆脱欧盟,从而转向与更好的经济市场进行贸易合作。除了这方面原因外,移民问题的出现也成为促使英国开展"脱欧"行动的一个原因。

第一章
经济危机与大国博弈

欧盟作为一个统一的大市场，各成员国之间人员的自由流动是其一大亮点。但随着金融危机和欧债危机的出现，欧盟国家之间的就业形势发生了巨大变化。很多经济低迷、债务缠身的国家根本就没有办法为工人们提供劳动福利与保障，这也使得更多的劳动力开始向那些就业环境更好、社会保障更加完善的国家流动。英国自然是一个不错的选择。随着英国经济的不断恢复，英国的就业环境也逐渐转好，再加上完善的福利制度，这使得英国成为欧盟国家移民的一个首要选择。但英国的就业机会毕竟是有限的，面对着从四面八方涌来的移民，英国的就业机会被不断挤占，教育和医疗资源也面临着同样问题。在这个过程中，英国的大多数民众成了直接受害者，所以才会有更多的中下层民众支持英国的脱欧行动。

最后一方面原因，也是促使英国采取"脱欧"行动的主要原因。由于英国并非欧元区国家，可以独立发行自己的货币，这样虽然可以保持自身的出口竞争力，但同样也让英国无法真正地加入到欧洲大陆的事务处理之中而身处欧盟之中的英国，在经济发展过程中，又需要受到欧盟的商业监管，同时还需要每年向欧盟支付巨额的"会费"。在英国民众眼中，这些付出要远大于其在欧盟之中所获得的回报。

因此，大多数脱欧的支持者认为，如果退出欧盟，便相当于英国每周都将会节省约5亿美元费用。这些资金可以投入到国家医疗服务系统和住房体系中，从而提高英国公民的福利水平。

事实上，如果仔细研究英国与欧盟之间的关系会发现，虽然英国留在欧盟之中可能还会面临上面提到的问题，但如果英国真脱离了欧盟，从长远的经济发展上来看也并非是全然有利的。

自卡梅伦上台以来，"脱离欧盟"的问题便成为讨论焦点，支持脱欧的人想尽办法让英国摆脱欧盟，而不支持脱欧的人则始终努力维系着英国与欧盟的关系。而在卡梅伦看来，欧洲一体化以及外来移民和英国的"会费"问题始终影响着英国的发展。

所以在2005年11月，卡梅伦提出了保护单一市场独立性、改革欧盟僵化体制、加强各国议会自主权力和限制移民在英国权益等在内的几项欧盟改革目标。并以此提出如果欧盟无法满足上述条件，英国有可能会通过公投的方式脱离欧盟。

面对英国的"通牒"，欧盟自然不想白白失去这样一位"有钱"的盟友。所以自2016年以来，欧盟与英国进行了多轮磋商。在2016年2月19日，欧盟与英国就改革方案达成了一致。方案同意给予英国"特殊地位"，包括通过实施为期七年的"紧急刹车令"来增加英国对移民福利支出的自主权，同时修改欧盟条约并承诺英国不被强迫政治整合，同时在紧急情况下给予英国更多的金融支配权。

从这里可以看出，为了挽留英国，欧盟表现出了自己的诚意。为此，卡梅伦也开始转变自己的强硬态度，在英国内阁会议上建议民众支持继续"留欧"。但英国"脱欧"就像是已经离弦的箭一样，穿透了每个英国民众的心。

现在距离英国脱欧公投已经过去了一年多时间，这件事情却依然没有结束，英国和欧盟之间仍然在进行谈判。在英国脱欧事件的背后，除了英国与欧盟的经济博弈之外，世界其他国家也纷纷牵扯其中。正如蝴蝶效应一样，英吉利海峡对岸的英国扇动一下翅膀，整个世界的经济形势都陡然发生着变化。

第一章
经济危机与大国博弈

美国减税，全世界目瞪口呆

美国要减税了！英国扇动翅膀带来的狂风还没有过去，美国这次直接掀起了一场全球性飓风。至于这场飓风将会有多大，影响将会有多远，现在就来下定论还为时过早。但飓风到来是肯定的，我们现在能够了解的，只是这场飓风袭来的原因以及可能形成的破坏性影响。对于最终的实际结果，我们也只能作为旁观者来静观其变了。

2017年12月2日，美国参议院以51票对49票通过了税改法案，这一事件引起了广泛关注，同时也让全世界目瞪口呆。特朗普这是要做什么？一时间，舆论风声四起。有人认为这次税改法案是美国专门针对中国的一场"税收战争"，有人认为这次税改是美国为了提振经济想出的"损人利己"的方法，将对全球经济的发展产生不良影响。

美国这次税改方案主要分为三个方面：一是在个人所得税方面，众议院版本将联邦个人所得税率从7档简化为4档，最高联邦个人所得税率维持在39.6%不变。而参议院版本仍维持联邦个人所得税率7档，但最高联邦个人所得税率降至38.5%。二是将企业所得税从35%大幅降至20%。此外，对跨国企业目前为避税而囤积在海外的2.6万亿美元利润，只需一次性缴纳14%所得税便可合法汇回美国。三是将目前的全球征税体制转变为属地征税体制，对海外子公司股息所得税予以豁免。但同时，此次税改针对跨国企业新增了20%的"执行税"，以限制这些企业通过同美国以外分支机构的内部交易来避税。

对于税改方案的具体内容我们不用去细致分析，简单来说，美国这次税改是要减税了。美国的这次减税可以说是具有颠覆性的，因为这并不是一次有百利而无一害的减税方案,对于世界上其他国家来说如此,对于美国自身也是如此。

虽然在最近几年时间里,美国进入了一个相对稳定的经济复苏阶段,不仅失业率逐渐下降,通胀指数也逐渐逼近2%的目标。但如果拨开这层外衣便会发现,在这些经济指标的背后掩藏的却是美国的产业危机。制造业萎缩,制造业占GDP比重不断下降,社会结构两极分化,贫富差距逐渐扩大,这些都成了美国经济增长的潜在危机。

正是在这样的背景之下,特朗普开始了大刀阔斧的减税方案,希望能够吸引更多的投资者来到美国进行投资,同时重振美国制造业的辉煌。看上去这种愿景是极其美好的,但实际上此次减税却并不是"百利而无一害"的。

从积极层面来讲,特朗普政府当前所推行的减税方案将对美国的经济发展起到一定的刺激作用。首先,在就业方面,减税法案将会有希望扩大美国的就业,从而刺激投资的增长,促进美国经济的发展。其次,通过对海外利润征收较低的税率,部分美国企业的海外利润会出现回流,这一减税法案将会起到吸引部分美国海外资本回流的作用。

除了一些积极意义之外,特朗普的这一减税法案还将可能产生一些消极影响。首先,这一减税法案将会促进富裕阶层的利益增长,从而加剧美国社会的贫富分化。其次,如果长期推行这种减税法案的话,将会增加美国政府的财政负担,特朗普将需要面对如何应对减税之后政府开支触及债务上限的问题。最主要的影响表现在对于全球经济形势的影响,美国的减税举措将很有可能引发全球范围内的竞争性减税。

这也正是美国的减税法案能够在全世界范围内引起飓风的原因,其实这个问题并不难理解,我们可以先对其进行简化。我们可以将美国的减税

第一章
经济危机与大国博弈

法案看成是一种降价优惠活动，世界上其他的国家和美国一样，同时经营一种商品，现在美国要低价倾销自己的商品，世界上其他国家自然不会眼看着自己手中的商品滞销，所以也只得降价进行销售。

从最简单的层面上来理解，美国的减税法案正是这样。如果稍微复杂一点去理解，我们可以从投资者的角度去看待这个问题。美国的制造业之所以会出现发展滞缓甚至萎缩的现象，一方面原因在于美国的劳动力成本以及土地成本较高，另一方面原因则是在税收方面，投资者并不能够享受到太多的优惠。

而现在，美国政府决定开始减税了，并且还是大规模地进行减税，虽然土地成本和劳动力成本没有变化，但这已经是一个巨大福利了。精明的投资者知道，能够在美国投资是一件十分美妙的事情，现在美国政府给了投资者这么大"面子"，自然会有众多投资者买下这个"面子"。所以，美国在海外投资的企业拿着钱回到自己的国家投资，国外的企业拿着钱来美国进行投资成为自然是顺理成章的事情了。

看上去这是一种十分正确的吸引投资的改革，并没有存在什么"伤天害理"行径，但为什么全世界都要为此而目瞪口呆呢？难道是看着别人占到便宜，自己心里不好受吗？答案显然没有这么简单。

举个例子来说，现在一个城市里面有5个包工头，每个包工头都负责一片区域的建设工作，同时每个包工头手底下都有差不多数量的工人。虽然各个包工头给工人开的工资并不相同，但是综合考虑家庭因素、孩子上学的因素和环境因素，所以工人们也都没有换地方工作的打算。虽然有时候工人们会向包工头抱怨一下别的包工头又给工人涨工资之类的事情，但依然没有工人打算离开自己已经熟悉了的地区去工作。

但突然有一天，包工头老王决定给自己的工人每人涨3倍的工资，同时还可以为能力突出的工人解决户口问题。当这个消息在整个城市传开之后，工人们的心就开始乱了起来。相比于工人们，剩下的几个包工头的心可能会更乱。慢慢地，工人们开始纷纷去投靠包工头老王，由于工人不足，剩下几个包工头只能缩减自己的业务区域，老王则带着众多工人开始四处扩展领地。

看着自己的工人越来越少，业务区域也不断缩小，剩下几个包工头开始坐不住了。包工头老李决定率先出手给工人们4倍工资，也给解决户口问题。慢慢地，工人们开始向老李靠拢，老李开始逐渐收回自己的领地。剩下的人也纷纷仿效老李的做法，福利一个比一个高，效果当然一个比一个好。

这便是前面我们说美国减税法案可能在世界范围内引发竞争性减税的故事，看上去这不是一件好事吗？在故事之中是个好事，但是在现实经济环境中这件事就没有那么好了，至少对于发展中国家来说并不是一件好事。

相比于在发展中国家进行投资，在美国进行投资，投资者可以享受到世界上最完善的基础设施和配套设施。如果美国在税收方面下降很多，那么发展中国家在人力成本和土地成本上的投资优势就将变得荡然无存。投资者自然会纷纷涌向美国，而放弃条件相对恶劣的发展中国家，所以美国的减税法案对于发展中国家来说无疑是一个杀招。

更何况，相较于美国来说，哪一个国家不是"发展中"呢？现在美国在全世界范围内掀起了"减税竞赛"，其他国家除了目瞪口呆之外，必须要提早做出相应的准备才行。市场是有限的，一旦被别人占据了主动，自己就将陷入绝境之中。

| 第一章 |
经济危机与大国博弈

东京登顶失败启示录

提到金融中心,大多数人都会想到纽约、伦敦、香港、东京、新加坡等城市。但如果要将这些金融中心按照在世界市场中的重要性来排位的话,可能大多数人就很难给出正确的回答了。

纽约和伦敦自然是位居世界前列的金融中心,而香港、东京和新加坡的排名会是怎样呢?应该会有一大部分人将东京放在香港和新加坡的前面,但实际上,如今香港和新加坡的地位要远高于东京,香港与纽约和伦敦是世界三大金融中心。而东京也曾经有过冲击前三的希望,但却最终功亏一篑,以至于到现在彻底失去了跻身前列的机会。

伦敦成为世界金融中心,是因为它是老牌的资本主义发源地。早在工业革命时期,伦敦便出现了大量实业项目,同时也涌入了巨额资金。正是这种近乎垄断的条件,让伦敦凭借贸易信息和项目资源成为全世界的金融中心。

纽约成为世界金融中心与两次世界大战有着密切的关系。两次世界大战基本上摧毁了欧洲的领先地位,而美国则始终处在一个相对稳定的社会环境之中,加之战争为其带去的贸易,使得纽约成为继伦敦之后的又一个世界金融中心。

香港成为金融中心则是在英国和中国的助力之下。说是英国的助力似乎并不妥当,但是香港作为英国的殖民地,英国本想将其长期占有从而打造成整个亚太地区的金融管理中心。事实上,英国也的确按照这样的想法去做了,但令其没有想到的是,在1997年,中国政府收回了对于香港的主权。

英国的计划泡汤了，但是香港成为世界性金融中心的脚步却并没有停下来。背靠中国政府，拥有大陆地区的强大支持，同时根据一国两制的方针政策，按照西方的规则进行市场贸易。综合各方面的因素，香港不仅成为亚太地区的金融中心，同时也成世界性的金融中心。

说了纽约、伦敦、香港成为世界金融中心的原因，下面我们开始分析一下东京为什么没有成为世界金融中心。之所以要单独说东京，是因为其原本拥有成为世界金融中心的机会，却由于各方面原因而错过了这个机会。了解到东京登顶失败的故事，对于打造新一代金融中心将具有重要意义。

如果从积极的历史层面进行分析，日本是一个勤奋好学的国家，而这也正是其能够凭借狭小的土地成为世界经济强国的一个重要原因。从大化改新到明治维新，相较于中国来说，日本历史上的重大改革屈指可数，但正是这屈指可数的几次改革改变了日本的历史，同时也改变了整个世界的格局。

这种改革不仅在政治领域，同时也发生在金融领域。自20世纪80年代开始，日本开始逐渐成为世界上发展最快的经济体，同时也取得了令全世界都侧目的经济发展水平。当时的日本在经济方面甚至超过美国而成为世界上最大的债权国，东京作为日本经济金融的中心自然也开始向着世界金融中心的方向开始发展。

原以为按照这样的发展步伐日本将会成为与美国比肩的超级大国，而东京也将成为重要的世界性金融中心，但随着日本经济泡沫的破裂，不仅东京成为金融中心的美梦破碎，日本的经济发展也受到了严重打击。但实际上，即使日本的房地产泡沫没有破裂，东京想要成为世界性的金融中心也是难上加难的，因为它已经错过了许多宝贵机会。

第一章
经济危机与大国博弈

在历史上,日本的改革能够取得重大的效果都是因为其能抓住机遇,从而顺利完成改革,取得发展的先机。但这一次,在金融国际化的进程中,日本却未能抓住宝贵的机遇,从而也使得东京丧失了成为世界性金融中心的可能。

关于这一内容,我们主要从两个方面进行分析,首先是货币的国际流通问题,其次是金融行业的行政倾向性过于明显。日本虽然在不同时期对于本国的金融行业都进行了诸多改革,取得了一些显著效果,但却始终没有解决上面提到的两个问题,而这些问题也正是金融国际化过程中的关键问题。

首先,关于货币的国际流通问题,这一点我们可以以美国为例。美国之所以能够长期占据世界经济霸主的地位,与美元作为世界货币具有极为广泛的流通性有着重要关系。我们可以进行一个假设,如果现在美元作为世界货币的地位得到削弱,人民币在国际货币流通中的地位得到增强,那么美国世界经济霸主的地位将会受到重大影响。

当然,历史不能去假设,而现实更加不会相信假设。但对于日本来说,在20世纪80年代,日元确实有能力撼动美元作为世界货币的地位。但在当时,日本作为世界上发展能力最强的经济体却并没有重视这一问题,以至于白白让这个绝佳的机会错失。

在80年代初期,日本政府实现了日元的自由兑换,同时日元也一度成为世界各国中央银行不可或缺的储备货币之一。但作为当时世界的第二大经济体,日本却没有实现日元的广泛流通,其在本国进口和出口中的日元结算比例从没有超过40%,更不要说在国家与国家之间的贸易流通了。

在当时如果日元能够国际化的话,东京成为国际金融中心将是板上钉钉的事情。但随着日本泡沫经济的破裂,东京作为国际金融中心的地位开

始摇摇欲坠。越来越多的投资者开始放弃日本市场，同时抛售自己手中的日元。

第二个问题就是日本金融制度之中存在的问题并没有得到解决，日本的"主银行制度"虽然能够更容易地解决企业的融资问题，但随着企业的不断发展，这种制度却逐渐变成一种束缚，让企业发展失去了自主权。

金融体制被行政力量高度束缚，这让日本的实体经济很难适应经济结构调整的需要。尤其是由于诸多管制的存在，使资本市场根本无法在企业融资之中起到主要作用，所以东京作为金融中心的基础并不牢固。随着资本市场规模的逐渐扩大，日本的金融行业进入到了泡沫阶段，东京这个没有地基的金融中心高楼越盖越高，最后，随着热潮的退去，东京作为金融中心的高楼开始轰然倒下。

没有抓住转瞬即逝的机会，成为东京登顶国际金融中心失败的一个重要因素。而其中所体现的重要两点内容就是货币的国际流通和金融市场与行政力量的关系。一个国家的主要货币能否成为国际流通货币，一个国家的金融行业能否真正建立在市场化的地基之上，这成为其发展金融行业的关键之所在，同时这也是建设国际金融中心的重要条件。

美国政府又"关门"了

美国政府又关门了。没错，在特朗普上任一周年之际，美国政府又一次遭遇停摆危机。2018年1月20日，由于美国共和党和民主党未能就临时预案达成妥协，联邦政府暂时停摆。自己的就职周年典礼遭遇政府停摆，特朗普的感受一定不会很好。而不仅仅是特朗普自身，美国的停摆危机让整个世界都感觉到了一些不好受。

第一章
经济危机与大国博弈

这并不是美国政府的第一次停摆，但此次停摆却是在一个政党同时控制白宫和国会两院的情况下首个停摆的美国现代政府，所以这次与之前美国政府的停摆还是有所不同的。同时，由于此次政府的停摆，特朗普执政一周年的庆祝活动也取消了。

在2013年10月1日，由于美国民主和共和两大党没能在国会就下一个财年的财政预算达成妥协，美国总统奥巴马宣布美国联邦政府的非核心部门被迫关门，美国政府正式停摆。如果再往前追溯，自从1976年开启现行预算法案程序以来，美国政府已经停摆过18次，停摆时间从1天到21天不等。

那么，美国政府为什么会出现这种停摆危机呢？想要寻找其根源，我们就必须首先搞清楚到底什么是政府停摆。

"政府停摆"也被称为"政府关门"。在美国国会的众多职责之中，通过政府预算案是一项非常重要的职责。而当预算案没有通过时，政府便会关闭一些机构，采取暂时停止提供"非必要的服务"，或者停发相关政府雇员的工资等方式，以减少政府的开支。

在这里可能有人会存在一些疑问：为什么国会不能通过预算案呢？要解释这个问题，就如解释美国政府历史上数次停摆的原因一样，没有办法用一种原因去概括。我们就以2013年奥巴马执政期间的政府停摆事件为例，来看一看美国国会为什么会选择不通过预算案。

在2013年的停摆事件中，政府预算案只能算是一只"替罪羊"，真正让美国政府停摆的并非是预算案没有通过，而是奥巴马的医改法案。坚决反对医改的共和党希望通过给政府预算附加条件来阻挠医改法案的实施，而民主党则坚决反对这种附加条件的做法，力求将预算和医改分开。正是在双方的互相角力过程中，国会才最终没有通过政府预算案，从而导致美国政府临时停摆事件的发生。

从形成的根源来看，造成美国政府停摆的主要原因大多是财政赤字。而此次特朗普政府停摆则是由于美国政府临时预算案没有通过参议院的投票。虽然1月18日美国政府临时预算案在众议院获得通过，但在随后的参议院投票之中，拥有简单多数的共和党却并没有获得法案通过所需要的至少60张支持票。因此，此次预算案没有通过也被认为是两党之间相互掣肘的结果。

在此次预算法案之中，美国共和党支持增加军费、修建美墨边境墙等提议，而民主党则一一予以反对。共和党认为，法案没有通过是因为特朗普没有花费足够的时间去争取选票，而民主党则希望借助于此次政府停摆让特朗普及共和党"背锅"，从而使自身在2018年的中期选举中处于一个有利地位。

对于两党之间的这种角力，美国民众似乎也已经见怪不怪了。而面对政府停摆，虽然自身的生活将会受到各种各样的影响，但大多数美国普通民众似乎已经习惯了这种事情。此次特朗普政府停摆致使数十万非核心联邦政府雇员被迫休假，同时部分国家公园和古迹闭门谢客，移民签证部门的工作速度放慢，NASA也不得不暂停部分项目。据估计，美国政府每天要损失约65亿美元。

即使如此，美国民众还是表现出了出乎寻常的淡定，因为大多数人都知道，这只不过是政客之间的互相角力，用不了多久他们就会握手讲和。对抗只是一种姿态，妥协才是解决问题的最好方法。

2013年奥巴马政府的停摆事件便以这样的剧情收尾。在2013年10月16日，美国国会参众两院分别投票通过议案，给予联邦政府临时拨款，同时调高了其公共债务的上限。根据这一议案，美国联邦政府获得了继续运营的预算。随着两党之间的相互妥协，停摆事件自然而然便宣告结束。

第一章
经济危机与大国博弈

而此次特朗普政府的停摆事件也正上演着同样的剧情,在1月22日,美国参议院两党达成联邦预算临时协议,以81:18的表决结果通过了可持续到2月8日的短期政府融资议案程序性投票,而相关的临时预算草案将会在参议院表决通过后交由众议院投票,最后由总统特朗普签署,从而结束此次美国政府的停摆事件。

虽然民主和共和两党仍在争吵不休,但是此次美国政府的停摆事件似乎可以告一段落了。这次事件看上去像是出"闹剧",但其背后所蕴藏的危机却不得不引起我们的注意。美国这种短暂的停摆虽然不会对世界经济造成过多影响,但如果美国政府陷入到长时间的停摆之中,世界将会变成什么样子呢?

政府工作人员失业、政府消费停止、公共服务活动减少,想要出国旅游却发现没有政府工作人员帮忙办理护照业务了,想要去国家公园参观,却发现国家公园竟然也关门了。政府停摆对于人民的生活将会造成很多不便。如果一个国家的政府长时间处于停摆状态,那么整个国家的经济社会生活都将受到严重影响。

从美国政府的停摆历史中,有关专家分析指出,美国政府每关闭一周,美国的GDP就会下滑0.15个百分点。从短时间来看,政府停摆的影响并不明显,但从长时间来看则会对经济发展造成极大影响。在经济全球化的今天,美国作为世界经济的风向标,美国政府的停摆无疑将会对世界经济的发展稳定产生重要影响。

美国政府的停摆让美国政府的信用问题成为全世界关注的焦点。在前面的章节,我们讲过美国依靠"借债"来发展本国经济,而美国之所以能够源源不断地从其他国家借到钱,主要是因为美国作为世界经济霸主的地位,使美国政府成为全球信用度最高的政府。而这种停摆事件的发生,明

显将会为美国政府的信用度打上一个巨大问号。

作为美国的债券国，没有哪个国家想要看到美国政府长期处于停摆状态，因为这将会大大增加美国国债违约的风险。如果哪一天美国政府真的甩手不干了，那么对于这些债权国来说，手中的这些美国国债就很有可能变成没有价值的东西。

政府停摆的时间越长，产生的不良社会影响就越大，同时民众反抗的声音也会越强烈，相信面对这些问题，在2018年1月19日，由于参议院未能通过临时拨款法案，美国政府被迫关门三天。随后在2月9日午夜前，肯塔基州共和党议员 Rand Paul 反对增加赤字，美国政府又关门了几个小时，但在9日联邦政府上班前，六周的临时拨款议案最终获得通过。

市场经济地位真的那么重要吗？

2017年底，国际经济领域发生了一件不大不小但影响恶劣的事，这件事不仅影响着我们每个中国人的生活，也影响着世界经济的运转。美国总统特朗普在向世界贸易组织(WTO)提交的文件中，正式拒绝承认中国市场经济地位，一时间令经济界瞠目结舌。

其实，对于中国是否是市场经济的讨论一直存在，西方政客否认中国市场经济地位也不是第一次，更有甚者，中国的市场经济地位还一度成为国际间博弈的筹码。然而，特朗普以世界第一大国国家元首的身份，用这样白纸黑字的方式否认中国的市场经济地位，在之前还是绝无仅有的。

特朗普这一举动究竟代表着什么？在这一行为背后又隐藏着怎样的内幕？经济界对此一无所知，但大家能够肯定的是，特朗普这一表态如果导致某些约束性措施，那么一定会给世界经济秩序造成极大的连锁反应。正

第一章
经济危机与大国博弈

因为如此,国际经济界才对此反响巨大。

当然,具体到我国政府,对于特朗普这番表态当然是十分不满,并且从多个方面对特朗普的表态进行了回击。

那么,到这里有人就要问了,市场经济地位到底是什么?真的有那么重要吗?又为什么会成为西方国家攻击我们的把柄呢?对于这些问题,我们需要好好解释一下。

所谓市场经济地位,指的是在一个经济体内,市场对于经济的发展占据有着主导性作用,行政手段不能广泛干预市场行为。说白了,就是让市场自由发展。而说得再白一点,就是经济怎么发展让个人、个体公司说了算。

与市场经济地位相对应的是计划经济体制,也就是政府占据经济的主导权,个人和个体公司听从行政命令,甚至干脆就没有个体公司。

市场经济与计划经济并不是相反的对应关系,而是从0到100的渐进程度关系,如果说是绝对市场经济是100、绝对计划经济是0,那么世界上所有的经济体都囊括在其中,只是程度不同罢了。

所以说,判断是否是市场经济地位是有一定标准的,但却没有绝对的标准,也就是说,市场经济地位的国家也有计划的一面,计划经济也有市场的一面。

那么,市场经济地位有什么用呢?如果仅仅从一国的角度来讲并没有特别的用处。无论是市场经济还是计划经济,都是发展经济的手段,怎样选择是各国自己的事情。但是,谈到国际间的经济联系,市场经济地位就至关重要了。

市场经济的重要性在于,它是国际间经济合作的重要桥梁,是国与国经济合作的硬性要求。

简单来说，国家与国家之间要想进行长时间的经济往来，有一点原则是十分重要的，那就是彼此的经济地位平等。而这只有在双方都是市场经济地位的基础之上才能实现，而如果一国实行计划经济，那就明摆着是欺负人了。

举个例子，中国有钢铁厂，日本也有钢铁厂，在市场经济条件下，钢铁厂都是私营的，其行为都是个体行为。中日钢铁厂之间的比拼，拼的是管理、是计划，是商业头脑、经营理念，是哪家企业更适应市场的发展，这无疑是十分公平的。

但是，如果中国实行计划经济而日本实行市场经济，日本钢铁厂是私营的，中国钢铁厂是国营的，或者是由国家控制的，那么日本的钢铁厂无论如何也竞争不过中国的钢铁厂。因为中国的钢铁厂可以拿政府补贴，政府为了帮助它击败日本的钢铁厂可以无所不用其极，可以以举国之力建设它。这种关系对于日本钢铁厂来说无疑是非常不公平的。

就是因为市场经济地位关系重大，所以国家间经济组织，无不将它视为硬性标准，要求成员一定要遵守。

到这里，相信有些读者已经恍然大悟了。不错，十几年前，当我们加入WTO的时候，也确实在这个问题上费了很大的劲，我们确实向国际社会承诺我国对于建设市场经济的决心。所以，国际社会拿这个问题来要挟中国，我们确实有必要对国际做出合理的解释。那么，我们现在是市场经济地位吗？特朗普是鸡蛋里挑骨头还是有的放矢呢？对于这个问题，我们很难回答得很清楚。

如果说我们不是市场经济，但我们这十几年明明做出了很大的努力。外国人没有感受，但我们中国人自己难道感受不到吗？十几年前，对社会贡献占大头的是国企，一个城市差不多70%的人都是"吃公粮的"。而现

第一章
经济危机与大国博弈

在，私营经济已经在国民经济中占据主导地位，一般城市中就职于国企或国家单位的人恐怕还不到5%。十年前，我们各行各业都充斥着国营企业，而现在，在很多城市国营企业已经退到了边边角角，舞台中心完全让给了普通百姓。

但是，仅凭这些我们还不能说自己是市场经济。因为我们确实做着一些让西方国家能够抓住把柄的事情，有些事情我们也确实不好解释。

比如，市场经济要求行政成分尽量淡化出市场运行，然而，我国政府每年给国企大量补贴，却又是明显的行政行为。市场经济要求汇率放开，而我们知道，汇率关系着我国国民经济的健康与安全，我国政府在明里暗里还是会对汇率进行一定的管制。

在加入WTO的时候，为表示我们市场化的决心，我们承诺把一些重要经济部门也放开，比如金融、交通等，而WTO鉴于我国经济当时的状况，也给了我们一段时间的准备期。然而到现在，准备期早已经过去，但我们这些部门还是没有完全放开……

凡此种种，虽然我们有自己的苦衷，但确实也给别人留下了口实，因此，西方国家才会一而再、再而三地拿这件事找我们的麻烦。

如果我国的市场经济地位获得承认，那么将会获得更广阔的经济舞台，对于我国的经济发展和国际地位都有很大意义，所以，我国历届政府才会为此而不懈努力。

到现在，仍旧有很多国家不愿意承认中国的市场经济地位，这是我们所不愿看到的，尤其这一次特朗普把事情摆到了明面上，更是让中国政府十分恼火。不过有意思的是，虽然西方国家想用这个问题卡住中国，但又很少有国家敢于像特朗普这样直接在这个问题上攻击中国。

原因在于，经过几十年的发展，中国经济的腾飞令世界瞩目，现在中国已经成为世界第二大经济体,对于世界经济来说中国的贡献不可或缺。一旦不承认中国的市场经济地位,就意味着必须要采取很多经济行为,但各国与中国都有着千丝万缕的经济往来,隔断与中国的经济关系,伤害的不仅仅是中国,还有他们自己。也正因为如此,国际社会对于中国的市场经济地位表态才会一直都很暧昧。

也就是说,无论我们是否是市场经济,但我国对于世界经济而言举足轻重,这已经成为既定事实。至于市场经济问题该如何解决,恐怕还需要经济领域的人开动智慧,用更加具有创造性的方法来处理了。

第二章

国际热钱与货币战争

热钱，国际金融背后的汹涌暗流

在国际金融市场上，资金是进行交易的关键。谁拥有的资金多，谁就能够在金融市场上占据有利的地位。前面章节中提到的美国特朗普政府所推行的减税政策，正是为了吸引资本流入美国市场的一项政策。而在国际上，大多数金融机构也将资本的流入和流出作为衡量一国经济发展现状的重要指标。

那么，资本流入越多就越好吗？这个问题需要辩证来看。有的时候，有种资本的流入不但不是好事，反而会导致恐慌。

对于个人来说，流入自己钱袋中的资金当然是越多越好。但是对于市场来说，资本的流入有时候却并不是一件好事。并不是说这种资本的流入不好，而是这种资本本身存在问题。有人会说这种资本是假钱，假钱本身是存在问题，但与这种资本相比却算是小巫见大巫，这种资本就是国际热钱。

国际热钱又被称为国际游资，往往与投机行为相伴出现，是一种投机性短期资金，其只是为了追求高回报而在市场中迅速流动。国际热钱有两个特点，一个是规模巨大，至少要达到几百亿美元甚至是几千亿美元的程度，另一个是流动性非常强。

国际热钱的产生和肆虐，是由于多种因素共同促成的。一些国家放松了对于金融行业的管制，取消了对于资本流入和流出国境的限制，使得国际热钱开始逐渐形成。而随着金融行业技术革命的发展，资本流动的速度得到了极大提升，同时也降低了资本在国际间的调拨成本。而以远期外汇和远期利率协议等为代表的金融创新也为热钱的扩大提供了新的渠道。

全球经济一体化程度的加深、金融市场全球化进程的演进，都使得全球国际资本流动量出现了大幅增加，同时也使得国际热钱的规模越来越大。

热钱规模的扩大使得热钱对于地区金融市场的影响作用越来越深远，但热钱在同一时间涌入一个市场之中时，将会对当地市场的汇率和利率产生重要影响，甚至会影响到一个地区的经济发展和金融市场的稳定。

提到热钱，就不得不说乔治·索罗斯。这位在生活中热衷于慈善的老人，在金融市场上却是顶尖的国际热钱操控者。天使与魔鬼的个性同时在这个人身上得到了完美体现。他可以为公益事业投入几十亿美元，同时也可以让一个国家瞬间损失几十亿美元，金钱对于他而言似乎并不存在太多意义。

第二章
国际热钱与货币战争

索罗斯从小便与危险相伴,第二次世界大战期间纳粹占领匈牙利,当时的索罗斯还是一个小孩子。正是在这种危险之中,索罗斯一点一点成长了起来。他说:"你意识到危险,在主动承担一定风险的同时,可以换回一些存活的机会,好过做温顺的群羊。这以后,我一直训练自己,去寻找危机,再从危机之中寻找到机会。"

在金融市场之中,索罗斯也正是这样做的。早在1992年,索罗斯就曾大举放空英镑,随之而来的便是英镑对德国马克比价的一路下跌。虽然英国政府动用各种手段来阻止情况继续恶化,但却始终没有阻止住英镑的下跌趋势。在这次狙击英镑的过程中,索罗斯和他的量子基金获得了超过10亿美元利润。

在"打垮了英格兰银行"之后,索罗斯又将自己的矛头指向了东南亚市场。虽然当时东南亚的经济处于增长阶段,但是索罗斯依然发现了其中存在的隐患。在他看来,东南亚经济存在着发展过热的问题。虽然当时东南亚各国中央银行采取不断提高银行利率的方法来降低通货膨胀率,但这种方式却滋生了许多可供投机的空子。这样一来,各国银行的短期外债便会剧增,如果在这时国际热钱迅速流入到金融市场之中,那么这些国家的经济指数就会大幅跳水。

正是看到了这一问题,索罗斯才展开了行动。1997年,索罗斯开始控制国际热钱大量抛售泰铢,致使泰国的汇率市场瞬间便暗流涌动。虽然泰国政府动用了近450亿美元来力图挽救泰铢一路下滑的局面,但面对着庞大的国际热钱规模,这450亿美元显然是杯水车薪。在国际热钱的进攻下,泰铢开始迅速崩溃。

攻陷了泰国之后,索罗斯并没有停下自己的脚步,他与其他金融炒家一起对亚洲其他的金融市场发起了进攻。在索罗斯等国际炒家的猛攻之下，自泰国开始，菲律宾、马来西亚、印度尼西亚等国家的股市和汇市一路狂跌。一时间，这些国家的经济社会变得动荡不安，企业倒闭、银行破产、物价水平暴涨、人民生活苦不堪言，整个东南亚都陷入痛苦的磨难之中。

但索罗斯依然没有停下自己的脚步，他将下一个进攻目标确定为中国香港。这一次他进行了更加充足的准备，携带了更多的国际热钱。但令他没有想到的是，香港政府及时入市，经过几番你来我往的过招之后，索罗斯最终败下阵来，香港的金融市场得以保全。

但经过这次亚洲金融风波，人们不仅记住了索罗斯，更清楚地认识到了国际热钱的可怕。在经历了惨痛的失败之后，各国的金融机构也纷纷加强了对于国际热钱的监管。

那么，国际热钱是怎样对经济造成伤害的呢？我们可以通过一个例子来具体解释这一问题。

我们首先来区分投资房地产和投机房地产这两个不同的概念。简单来说，投资房地产是建造一栋楼房，为了让它的价值提高，同时还要投入资金建造一些配套设施。而建设完配套设施之后，还会继续通过投资来提高其价值，这是一种长期的可持续性的行为。

而投机房地产则不同，投机房地产同样是建造一栋楼房，为了提高它的价值可能需要建造一定的配套设施。而当这栋楼房销售得差不多了的时候，投机房地产者就会撤出投资，不会再通过继续投资来提高其价值，因为投机是一种短期的牟利行为。

那么，国际热钱投机又会存在哪些危害呢？我们同样用房地产的例子来进行说明。我们假设在正常情况下一套房子的价格是20万元，配套设施和基础服务都很完善，这个房子的价值也相对确定。这时有需要的人会购

第二章
国际热钱与货币战争

买房子，不存在迫切需要的人便不会心急来购买房子。

当热钱大量涌入房地产市场之后，这套房子的价值依然没有变化，因为它的基础属性没有变。但是，它的价格却发生了变化，在热钱的推动下，它的价格从20万元涨到了30万元，从30万元涨到了40万元，而且价格依然还在上涨。

不太了解经济学的人会认为房子的价值没有变，单纯是价格上涨了的话，谁还会买这样的房子？但实际上，绝大多数人都会买这样的房子，不仅有需要的人会买，而且不存在迫切需要的人也会买。

在经济学之中，人都是理性的，同时也是追逐利益的。在房价不断上涨的趋势之下，绝大多数人都会将钱投入其中，有的人害怕价格继续上涨，有的人想要低价买入赚取差价。虽然每个人的想法不同，但是趋利的心理却是相同的。

而当人们将钱都投入房地产市场后，热钱投机者觉得这个房子的价格已经到达一个相对较高的价位上，那么这时热钱便会携带着巨额资本撤出房地产市场，热钱在房子价格最低的时候买入，而在价格上涨到高位时卖出，投机者赚到了不菲的收益，留下的则是一个随时会爆炸的炸弹。

被热钱炒得过热的房地产因为缺乏足够的资金支持，将会面临崩溃的危险，而与房地产捆绑在一起的则是那些将钱投入到其中的普通投资者们。财富都被热钱席卷而去，留给普通投资者的只有危险和痛苦。

从上面的分析之中我们可以认识到热钱的一些特点，热钱之所以能够造成如此大的破坏力，就在于短期的"炒"和"撤"。如果能够遏制住这两个方面，便能够减少热钱的破坏力，维护金融市场的稳定。将想进来的热钱阻挡在外，将想离开的热钱关在门内，热钱便会被乖乖驯服，成为有益的资本。

国际热钱为什么从不挑战美国

在经济学之中有一个被称作三元悖论的理论。在三元悖论理论之中，一个国家的经济目标有三种：一种是各国货币政策的独立性，一种是汇率的稳定性，还有一种是资本的完全流动性。面对这三种经济目标，一个国家只能三选二，而不可能三者兼得。

具体来说，如果保持本国货币政策的独立性和资本的完全流动性，那么就必须牺牲汇率的稳定性，实行浮动汇率制。而如果保持本国货币政策的独立性和汇率稳定，就必须牺牲资本的安全流动性，实行资本管制。如果要维持资本的完全流动性和汇率的未定型，就必须放弃本国货币政策。

资本的完全流动性是一个重要选择，大多数国家都将其作为一个重要经济目标。但"资本流入对于一个国家的经济发展具有促进作用"这句话在单独表述时却并不能算作是一个正确结论，正如前面小节之中我们提到的国际热钱那样。国际热钱的流入可能会对一个国家的经济造成毁灭性打击。

既然国际热钱的流入可能会带来国家经济的动荡，那为什么还有不少国家要实行资本的完全流动呢，难道他们不害怕国际热钱的流入会带来经济危机吗？

而在世界经济的发展史之中确实又存在一个有趣的现象：越是金融管制严格的地方，国际热钱就越活跃，而越是放开管制的地方，越不容易出现国际热钱的身影。

从整体上来看，一些国家或地区虽然允许货币的自由流通，但因为它们拥有着健全和完善的政策法规，金融理财系统也能够对于金融方面的危

第二章
国际热钱与货币战争

险产生较高敏感度,这就构成了一张自我防护的大网。另一方面,这些国家或地区在经济方面是非常发达的,其吸引资金的能力本身就非常强,即使有再多的资金涌入也能够消化,所以国际热钱在这些地方根本就占不到什么便宜。

同时,大型的金融集团往往会以这些经济发达的国家地区作为自己的根据地,它们会促使政府开放国内的资本市场,通过将国外的资金吸引进来,然后对其进行改造之后将其转变为热钱投放到其他的国家或地区。也就是说,金融集团会同执政者达成某种默契,这样一来热钱自然不会攻击自己所在的国家和地区,而只会将其他的国家或地区作为目标。

从上面的各种因素之中,我们可以找到"热钱为什么不去挑战美国"的原因。作为世界上经济水平最高、经济制度最为完善的国家,美国很难成为国际热钱的攻击目标。

相对于世界其他国家来说,美国的资本市场是非常发达的。经过近200年的发展,现在的美国资本市场不仅拥有了健全的法律法规,同时在范围上也得到了极大扩张,已经成为世界上最为完善的资本市场。

从构成上来看,美国资本市场主要由债券市场、证券市场和抵押信贷市场组成。而这三大类别还可以继续细分成为更多的细致内容,可以满足美国各个阶层的服务需要,资本市场呈现出了极高的运作效率,这种严密的市场结构也让国际热钱难以找到空子来钻。

美国完善的经济制度和发达的资本市场成为了其抵制国际热钱的一个重要壁垒。国际热钱在进行投机行为时,往往需要找到一个地区经济制度或者经济发展结构的漏洞,然后集中大量热钱进行攻击,从而一点一点占领整个经济市场,谋取巨额的利益。但显然,这一点在美国铜墙铁壁的经济市场面前完全产生不了作用。

而且，作为资本自由流通的经济市场，美国甚至并不需要用铜墙铁壁将这些热钱阻隔在门外。前面我们提到预防国际热钱的方法一是防住"炒"，另一个则是堵住"逃"。要么不让其进入市场之中，要么不让其离开自己的市场。

在美国的资本市场上盘踞着数不清的资本大鳄，这些精明的商人自然不会被热钱吓到。很多时候，他们还会敞开大门欢迎热钱的进入，而当热钱真的进入到美国的资本市场时，华尔街的精英们则会奋起反击。在别人眼中如难啃的骨头般的热钱，在华尔街的商业精英眼中往往会成为一块块肥美的牛肉。

除了这两方面原因外，我们还可以在已经发生的历史事件之中找寻到一些其他因素。在1997年，以索罗斯为首的国际金融巨头对亚洲金融市场发起了进攻，原本经济繁荣发展的亚洲地区转瞬间便迎来了经济发展的寒冬。当然，亚洲金融危机的发生不仅在于投机者以及热钱的涌入，最主要的原因在于当时亚洲各国在经济发展结构方面存在着一些隐患，从而让投机者抓住机会，最终造成了惨痛的结果。

我们不再分析亚洲金融危机的原因，而是将目光聚集在这些金融投机者身上。这些金融巨鳄大多来自于华尔街，相信在全球范围内也没有哪个地方能够比华尔街更适合这些金融巨鳄们生存了。正如上面所说，金融巨鳄们将美国作为自己的根据地，又怎么会亲自动手去攻击自己呢？当然，在美国之外，也不会有哪个个人或集团能够有能力在金融领域去攻击华尔街的这些金融巨鳄了。

换个角度来考虑，国际热钱不敢去挑战美国这件事其实并不是美国所希望的。前面提到了美国有能力将这些热钱转变为资本，那么当然是涌入的热钱越多美国政府越高兴了。流入的资本越多，经济发展的动力也就越

第二章
国际热钱与货币战争

大,怎样让热钱涌入本国的市场之中呢?等待其他国家的资本市场变得无利可图,或者是让其他国家的资本市场变成废墟一片?对于美国政府来说,如何能够拉拢到更多的国际热钱才是令其头痛的事情。

不是阴谋论的货币战争

提起货币战争来,大多数人首先想到的可能是宋鸿兵先生的《货币战争》系列图书,对于书中的内容有人看了之后会觉得恍然大悟,而有人看了之后又会觉得充满了阴谋。我们不去过多评价这套书的内容是否存在阴谋论,我们在这里主要研究一下现实之中踪迹可寻的货币战争,这里所说的货币战争都是世界历史上真实发生的事件,而并不是阴谋论。

提到"货币战争",大多数人会以为这是后工业时代的国家之间才会发生的事,但实际上早在中国古代就已经出现了"货币战争"的概念。在很多时候,诸侯国之间的战争并不需要出兵,而仅仅运用一些经济学的基本策略就可以达到不战而屈人之兵的效果。将这种技法运用得最为纯熟的就是春秋时期的齐相管仲。

管仲通过个人渠道得知了鲁国盛产一种丝织棉,于是他建议齐桓公穿上这种棉衣,然后让其他臣子效仿,很快,这种穿棉衣的风尚传遍了整个齐国。一时间,鲁国的丝织棉成为市场中的抢手货。看到这种情形,鲁国农民纷纷放弃种粮食而改种棉花。谁知道,这一切都是管仲设下的计谋,正是在他的策动下齐国商人才开始大量收购鲁国的丝织棉。

等到两年之后,鲁国的大多数农民都种植了棉花。而这时管仲又让齐桓公改穿帛衣,很快穿帛衣的风尚又在齐国传播开来,齐国商人也不再收购鲁国的丝织棉。由于鲁国的大部分农棉都种植了棉花,使得粮食产量严重不足，因此大量饥民流入齐国，鲁国也不得不向齐国俯首称臣。

　　选中其他国家的某种商品，然后大量买进，从逐利性的角度出发，该国将会根据市场的变化发展单一产品。这时买方再中断买进行为，从而在经济上击垮对方。这正是管仲发动"货币战争"的精髓之所在。

　　而从世界经济发展史来看，历史上发生了许多次著名的货币战争，正是这些货币战争造就了如今的世界货币体系和经济格局。下面我们再来了解一些实实在在出现过的货币战争。

　　中国北宋时期的交子被认为是世界最早的货币，经过宋、金时期，元朝的纸币已发展得相当成熟。但是到了明朝中叶，虽然纸币的发行与流通使用得到了朝廷的法律保障，但由于朝廷滥发纸币，引发了严重的通货膨胀，最终不得不退出流通，由白银取而代之。中国因此开始了银本位制时代。而与此同时热衷于黄金白银的西班牙和葡萄牙等国纷纷开始了海外掠夺之路，欧洲开始逐渐崛起。

　　与中国的银本位制不同，欧洲当时普遍实行的是金银复本位制，也就是将金银同时都作为货币流通。由于中国对白银的需求量巨大，欧洲人纷纷跨海将白银运往中国牟取暴利。大量的白银从欧洲市场涌入中国，让欧洲很快便出现了白银短缺的问题，从而形成了通货紧缩的现象。

　　1717年，为了解决金银复本位制的币值混乱问题，牛顿建议不再用白银进行铸币，而同时将黄金定价，这也标志着英国开始进入金本位制时代。由于率先建立起金本位制，英国开始利用欧洲国家实行金银复本位制进行金银套购，从而积累了巨额的黄金储备，这也为日后英国自身的霸主地位奠定了坚实基础。

　　英国成了世界霸主，英镑自然成为世界货币，这样一来，英国不仅可以向全球收取巨额的铸币税，同时还能够对全球的货币进行调控。可以

第二章
国际热钱与货币战争

说,在"日不落帝国"的辉煌时期,正是由于英镑拥有世界货币的地位,才让英国在全球范围内获得了巨额利益,从而成为其他国家无法匹敌的存在。但随着英镑世界货币地位的消失,英国的世界霸权自然也开始逐渐衰落。

在经历了第一次世界大战之后,欧洲各国一片废墟,英国的实力自然受到了极大削弱,美国借此机会发展壮大了起来。此时,全球三分之一的黄金流入美国,美元开始成为硬通货,纽约也开始逐渐取代伦敦而成为新的国际金融中心。到1948年时,美国的黄金储备更是占到了世界各国官方黄金储备量的74.5%。

1944年7月,44个国家在美国新罕布什尔州的布雷顿森林召开了联合国与联盟国家国际货币金融会议。经过20天的激烈争论,最终达成了以美国"怀特计划"为主、以英国"凯恩斯计划"为辅的妥协货币协定,史称"布雷顿森林货币体系"。即美元与黄金挂钩,其他成员国货币与美元挂钩。同时,还决定成立世界银行和国际货币基金组织,以及一个全球性的贸易组织。

到1958年以后,美国持续的财政赤字使得美元开始泛滥成灾,美元不断贬值使得人们纷纷抛售美元买入黄金。眼看着自身的黄金储备大量外流,美国为了维护美元的稳定推出了一系列方法,但却始终没有取得良好效果。直到1971年8月15日,尼克松宣布美国实行"新经济政策",美元才开始与黄金脱钩,美国也不再向任何国家兑换黄金。

1985年9月22日,由美国财长主导,美、日、西德、英、法五国财长和央行行长达成了"广场协议"。五国政府联手干预外汇市场,抛售美元,引发了各国投资者的抛售狂潮。在美国看来,让巨额的美元留在国外将会威胁到美国的国家安全,因此大规模消灭其他国家的外汇储备成为美国的

039

主要目的。

由于当时日本是外汇储备最多的国家,并且在经济发展上,日本表现出了一种不断向上的劲头,这对于美国的经济霸主地位而言无疑是一种潜在威胁。因此,制裁日本是美国的一个必然选择,而"广场协议"刺破的不仅仅是日本的房地产泡沫,更多的是刺到了日本的"金融心脏",以至于此后数年内,日本经济始终处于停滞状态。

在1991年12月,欧共体签署了《马斯特里赫特条约》,这一条约的签订不仅意味着欧共体正式更名为"欧盟",同时也促进了"欧元"的诞生。这对于美国来说更是一件难以接受的事情,原本的盟友现在竟然想要联手将自己从经济霸主的宝座上掀翻,美国当然不能坐以待毙。

在1999年3月,美国发动了空袭南联盟的战争,这使得国际资本纷纷从欧洲涌出,美国成了大量国际资本的归宿,而欧元兑换美元的比例也从原来的1∶1.2下跌到了1∶0.8。而后美元与欧元始终都在互相角力,直到希腊爆发债务危机从而引发整个欧元区债务危机后,欧元才逐渐败下阵来,其在国际外汇储备中的占比也逐渐萎缩,从原来的28%下降到了20%。

此后就是从1995年开始的以索罗斯为首的国际投机者们对亚洲开展的一系列"货币战争"。在亚洲金融风暴之中,东南亚的大多数国家损失惨重,原有的经济繁荣景象荡然无存。而在2007年美国次贷危机所引发的全球金融危机中,更多国家和地区的经济遭到了严重打击,损失惨重。

在世界经济的发展进程之中,货币战争是一个无法回避的问题,在金融市场这片没有硝烟的战场上,货币无疑是最为有力的武器。掌握货币主导权的人可以利用货币政策去为自己牟利,而没有掌握货币主导权的人就只能跟随着掌权者的政策同步前行。

| 第二章 |
国际热钱与货币战争

如何看待人民币升值

人民币的升值与贬值，关系着我们每个中国人的生活。近些年，人民币币值大起大落，让很多人摸不着头脑。其实，如果能够静下心来思考一下国际经济环境我们就会发现，在人民币币值波动的进程中，一场没有硝烟的战争也在发生着。

2016年人民币贬值了6.98%，正当大多数人都在料想着2017年人民币依然会继续贬值时，其却出人意料地在2017年快速升值，到2018年1月，人民币对美元已升值3.5%。人民币汇率的变化让人感觉有些摸不着头脑，但其实放在世界经济这个大棋盘上我们会发现，人民币近年来的升值并不让人感到意外。

首先我们来谈谈美元的问题。为什么人民币升值要看美元呢？因为人民币汇率一般以美元作锚，当美元走低的时候人民币往往会开始升值。近年来，美元指数出现下跌，而原本已进入加息周期的货币政策却并没有让美元上涨，反而出现了大跌。虽然美联储已经多次加息，但美元依旧保持着大跌的趋势。也正是因为美元的大跌，才使人民币汇率出现了大涨。

那么，为何在美联储不断加息的脚步下依然会出现大幅走低呢？早在特朗普上台之前就曾对美元升值表示不满，而在他一上任后，又开始通过大幅度减税法案等方式投放或提高货币的预期。而相对于美联储的小步加息，明显是特朗普的策略更胜一筹，美元正在释放出强大的贬值力量。

前面也曾说过，美国是乐于见到美元贬值的，因为这样不仅可以促进美国的出口经济发展，同时也能够减轻美国的海外债务压力。当然，这对于其他将美元作为外汇储备的国家自然是不公平的。但处于经济霸主地位的美国，手中握有美元这个王牌，就是可以这样按照"美国优先"的方式去运作。

而人民币升值的另一个因素就是中国国内利率的上升，在2017年，虽然中国央行的基准利率没有上升，但国内市场利率却已经连续上升了几个月，这从很大程度上促进了人民币汇率的升值。

那么，人民币升值会给中国的经济发展带来哪些影响呢？人民币升值对中国经济带来的影响是双方面的，既有好的一面，也有坏的一面，而究竟什么时候表现出好的一面、什么时候表现出坏的一面，则要看当前的中国经济正处于怎样的发展阶段。

人民币升值以后，相当于人民币的购买力更强了，如果我们外出旅游花费更少的钱却能体验到更多的东西，那么我国企业去国外投资也会变得更加便宜。人民币升值还可能会提高人们对于人民币继续升值的预期，从而使得大量资金涌入中国。人民币升值也会增加人民币在国际上的影响力，从而促进人民币的国际化发展。

而不好的方面则是，人民币升值得越多，中国的外汇储备缩水得也就越多。同时人民币的升值甚至还会影响到中国产品的出口，使出口商品的成本提高，从而导致出口数量减少，严重影响我国出口企业的发展。人民币升值将会抑制中国的出口，而中国的主要出口对象正是美国，中美贸易间的逆差会逐渐缩小。另外，人民币升值还会对我国引进国外资本造成一定的困难，同时也会增加国内的就业压力，从而影响到金融市场和社会生活的稳定。

此外，人民币升值还会对中国经济的发展造成一种并不显见的影响，那就是通货膨胀的发生。前面说到人民币升值会吸引大量资金涌入到中国，但这种资金很多时候会有国际热钱的参与。一旦大量国际热钱涌入中国的金融市场，必然会影响到中国金融市场的稳定。如果应对措施不当，

第二章
国际热钱与货币战争

还会导致严重的通货膨胀。

人民币升值后，由于进口增加、出口减少。消费需求也相应减小、投资略有增加，对外贸易依存度较高行业的增加值会受到不同程度影响，出口份额较大的行业如纺织、机械、电子、化工等受到人民币升值的不利影响较为明显。这样一来，国内市场就需要消化掉这些出口企业创造出来的产能，如果市场没有旺盛的消费需求的话，政府便需要使用货币政策来救市，这样一来又将会增加通货膨胀的风险。

中国的人民币升值并不单纯是经济规律作用的结果，对于西方国家来说，中国的人民币汇率问题始终都是其转移国内视线的一个法宝。西方国家认为，正是人民币的币值水平影响到了本国制造业的发展，所以强制让人民币升值便能够缓解自身出现的经济方面问题。这种空穴来风的说辞更多的是一种无关端指责。

美国之所以想要让人民币升值，主要是为了让中国放弃实行"紧盯美元汇率"的政策。这样一来，美元贬值的效果将会大大显现出来。美国凭借自身在国际货币体系中的主导地位，可以随意按照自己的意志强制性推行其政策，主要目的就是不断获取利润，维护其经济霸主的地位。

人民币汇率很长一段时间盯紧美元的政策是由中国人民银行制定的。如果其他国家想买中国的东西，需要先把货币按照市场汇率换成美元，然后再按照美元与人民币的汇率进行兑换。这样做的结果就是美国民用制造业在被严重低估的人民币产品的攻击下大批沦陷，再加上一大波国企走出国门去海外抢占市场，同时，欧盟日本也在高端市场与美国展开竞争，现在美国的制造业已经完全失去了竞争力。

美国通过美元贬值，既能减轻其外债负担，每次美元大幅贬值都能使美国的债务减少三分之一，又能刺激其产品的出口，还能转嫁各种经济危机,成为对其他国家进行剥削的主要形式。美国希望通过人民币升值阻碍中国商品大规模进入美国,同时也能促进本国商品出口海外市场。

所以,对于现阶段中国经济的发展来说,人民币长时间升值并不是一件好事,即使不会引发通货膨胀,也会对中国经济的发展造成一定影响。中国正处于经济转型的关键时期,保证人民币汇率的稳定将会对经济转型的成功起到重要的影响作用。

从风云一时的"四小虎"到破产亚洲

说起亚洲四小龙来,大家可能都不陌生,但如果说到亚洲四小虎的话,可能就会有人搞不清楚了。亚洲四小虎可以说是亚洲四小龙的后继者,指的是泰国、菲律宾、马来西亚和印度尼西亚这四个国家。这四个国家的经济在20世纪90年代取得了飞速发展,但可惜的是,他们并没有像亚洲四小龙那样一飞冲天,而是在金融危机之中被打回了原形。

在1997年亚洲金融风暴的席卷之下,亚洲四小虎纷纷变成了"纸老虎"。泰国、印尼和菲律宾欠下了一大笔债务,马来西亚开始实施多项硬性保护国家金融体系的货币管制条例,逐渐走上了故步自封的道路。在金融风暴的打击之下,这些国家的经济发展水平至少倒退了10年。

日本的经济学家曾经提出了一个"雁形模式"的概念,他们用这个概念来描述亚洲经济的增长模式。我们知道,大雁在飞行时喜欢排成"人"字形或是"一"字形的队列,这不仅是它们本能的一种反应,同时也可以在飞行时减少空气的阻力。而日本的经济学家正是从这个角度出发,认为亚洲的经济发展也是按照这种模式来演进的。

"雁形模式"理论认为,一个国家经济增长的方式主要有三个转变。

第二章
国际热钱与货币战争

首先是从进口替代向为出口而生产转变,第二个转变是产业之间通过比较优势的转移来实现区域经济的一体化,第三个转变则是其他国家经济增长的外溢。

从亚洲各国的经济发展史中我们可以了解到,在上世纪50到60年代,日本基本上承接了美国的资本和技术的转移,从而实现了工业化。而到了60~80年代,日本开始把经济增长中的劳动密集型产业剥离出来,同样转移到周边的国家或地区,这样第一批接受产业转移的便是亚洲四小龙了。随着亚洲四小龙的崛起,劳动密集型产业继续转移,这时候负责承接的便是亚洲四小虎了。而在承接了大量的产业和资本之后,亚洲四小虎的经济开始出现飞速发展。

相比于亚洲的发达地区,亚洲四小虎在劳动力资源、市场资源和土地资源方面具有绝对优势,而通过承接产业转移,这些廉价且闲置的资源得到利用,从而促使经济获得了飞速发展。

虽然通过承接产业转移,使亚洲四小虎获得了经济上的腾飞,但这也使得其在经济发展的过程中埋藏下了许多隐患。承接产业转移,让亚洲四小虎在制造业和出口方面的能力增长得很快,但是金融和服务业的发展却相对较弱。这就像某个人四肢都很强壮有力,但是身体却仍然是虚弱的一样。

这样一来又会导致什么样的情况发生呢?这便使得亚洲的经济发展存在着十分严重的"错配"问题。一方面是银行系统冒用短期存款为长期资本融资的风险;另一方面则是私人部门借入外汇,同时用本国的货币为投资提供资金。

亚洲四小虎之一的泰国就存在着严重的"错配"问题,泰铢的资本流入大多是以短期存款的形式存在的,但泰国的资本使用却又是长期的。我们可以用银行存款的期限来简单理解这一问题：假设一家银行中的存款都是不超过一年的活期存款，但进行投资的项目却往往都是5到8年的大项目，那么这时如果活期存款全部被拿走，银行就会因为资金不足而垮台。

泰国的外汇流入和银行存款正是以这种短期形式存在的，所以看上去资本流入得很多，但实际上即只是一种短期投机行为。随着承接产业转移带来的经济繁荣发展，泰国的利率也达到了较高水平。但当日本开始实行低利率刺激本国经济时，日本和泰国的货币之间却出现了非常巨大的利率差。

正是由于这种利率差额的存在，才吸引来了大量投机交易。投机者通过从日本以低利率贷款融资，然后来到泰国换成泰铢存起来，过了三个月，或是半年之后，要比在日本多赚5%到6%。这种投机行为在收益上与实业投资相差无几，所以大量的投机者带着外汇涌入了泰国。

另一方面，如果亚洲四小虎能够保证自身货币币值的相对稳定的话，也不会出现后面发生的亚洲金融危机。同样以泰国为例，在金融危机之前，泰铢、日元和美元之间的兑换比例相对较为稳定。在日本经济高速发展时期，日元的汇率也强势上升，这让泰国在内的亚洲四小虎获益匪浅。不仅能够承接日本的资本转移，同时由于利率差的存在，大量的资本利差也开始涌入泰国。

在这种情况下，由于美元和泰铢之间的汇率是固定的，只要美元和日元之间不出现较大的利差，那么泰国便可以高枕无忧地享受到资本流入带来的经济繁荣了。但如果日元出现贬值的话，那么利差交易便会逐渐消失，大量的资本就将流出泰国，这时泰国的经常性账户便会出现赤字。

而随着日元的贬值，美元将会成为更加可靠的货币，越来越多的资金也将会撤离泰国，从而导致其资本账户出现赤字。如果这个时候泰国采用

第二章
国际热钱与货币战争

泰铢贬值的方式来盯住美元的汇率,那么资本外流的情况就会更加严重,最终脆弱的金融系统将会崩溃,导致金融危机的出现。

其实,早在亚洲金融危机之前,亚洲四小虎等亚洲经济体便已经感受到了汇率估值的过高、经常性账户赤字以及资本流出等方面压力。但这时的东亚国家早已经骑到了老虎背上,只能继续狂奔而无法安稳落地。骑虎难下的东亚国家最终还是在投机者的进攻之下,从虎背上跌落了下来。

日本银行从亚洲的撤资让跌落虎背的亚洲四小虎再一次陷入绝境之中。在1995年之后,日本股市下跌、汇率贬值,这让日本国内面临着极大的通缩压力,想要解决眼前的问题,只能减少银行在国外的外汇贷款。从1997年开始到1999年,日本从遭遇金融危机的5个经济体中共撤资512亿美元,这让原本便被金融风暴击垮的亚洲国家再一次跌入谷底。

亚洲金融危机从泰国开始,一路席卷了马来西亚、新加坡、日本、韩国和中国等地,原本亚洲经济繁荣发展的局面被打破,一些在经济上稳步发展的大国经济开始萧条,那些刚刚迎来经济发展的国家更是出现了政局动荡的局面。一场金融风暴让本将风光无限的亚洲金融市场一夜之间便凋零了。

与亚洲四小龙不同,亚洲四小虎在经济飞速发展时期并没有注重经济基础的构建,从而使得平地而起的高楼没有地基作为支撑。而投机者发现了这种情况之后,便果断向这些脆弱的建筑发起了进攻,结果当然是显而易见的——其虽然进行了顽强的抵抗,但终究没有逃脱失败的命运。

从亚洲四小虎由繁荣到衰落的历程之中我们可以发现,经济发展过程中应当注重经济基础的建设。经济的发展要循序渐进,一步一个脚印,在搭建好台阶之后再向前走。速度当然是经济发展追求的一个指标,但稳定应当成为经济发展的首要目标和着眼点。

影子货币，是机会还是圈套？

相比于传统货币和数字货币，影子货币的概念在我们听来可能会比较陌生，似乎与我们的生活并没有太大关系。但实际上，影子货币不仅真实地存在于我们身边，而且与我们的生活息息相关。

想要彻底了解影子货币的概念，我们仍然需要从货币的概念去入手分析。一般情况下，说到货币，我们的第一感觉更多的是指钱，人民币、美元、欧元，这些都是货币。与货币相关的一个概念叫作货币载体，与货币不同，货币载体的种类有很多，可以是贝壳，可以是牛羊，也可以是金银，或者是单纯的符号。

在人类历史早期，货币的载体是各种具体的商品，但由于当时的货币载体太多，造成了很多麻烦，后来人们开始将货币载体固定在几种特殊的物品上，像金和银。随着人类社会的发展，货币载体开始从金银过渡到纸币。虽然货币载体在不断发生着变化，但货币的本质却始终保持不变，它永远都是对物的一种要求权。

那么，影子货币又是什么呢？简单来说，影子货币并不是货币，但却在一定的范围内具有货币的功能。我们去餐馆进行消费，经常会收到赠送的代金券，代金券的面值不等，只可以在特定的区域使用。这种代币券就是一种影子货币，同类的还有超市的购物卡、商城的礼品卡等。

货币是由各个国家的央行来发行的，影子货币同样需要"银行"来发行，我们将影子货币的发行机构称为"影子银行"。以上面列举到的几种影子货币来说，发行超市消费卡的影子银行是超市，而发行餐饮代金券的影子银行则是餐饮机构。

第二章
国际热钱与货币战争

据此,我们可以发现影子货币具有以下几个基本特征——

一是都是由影子银行发行的,其信用主要来自于影子银行。举个例子来说,如果一个超市即将倒闭,现在它开始对外发放消费卡,消费者只要用50元钱就能换到面值50元的消费卡。如果出现这种情况,你会去购买这家超市的消费卡吗?当然不会!因为这家超市即将倒闭,它的信用出现了问题,如果这家超市在第二天倒闭,那么它所发行的影子货币也会随之失效。

二是影子货币都具有一定的流通区域,只有在特定的区域中才能流通。在功能上,它可能和真实的货币相差不多,可一旦离开固定的区域,影子货币便失去了其作用。

三是影子货币一般与真实货币在兑换上呈现出1∶1的关系,很多时候正是这种关系让我们模糊了影子货币和真实货币之间的界限,同时也忽视了影子货币的存在。

多数人认为影子货币与我们的生活关联得并不密切,既然在兑换关系上和真实货币是相同的,但为什么还要用影子货币呢?去超市消费用人民币就好了,为什么要用影子货币呢?

单纯从一个角度出发,上面的观点似乎并没有错,但如果放在实际的经济大环境中看,是否使用影子货币这个问题就显得没有那么容易解决了。我们去超市消费确实可以不用超市发行的消费卡——万一超市倒闭,这种消费卡就失去了效用。现在我们可以用微信和支付宝来完成消费结算,既方便又快捷。

在中国,微信和支付宝的普及程度已经相当高,可以说是到了人尽皆知的地步,但很少有人知道的是,微信红包和支付宝红包其实也是一种影子货币。下面以支付宝红包为例详细解释一下为什么它们也是影子货币。

我们首先从支付宝消费开始说起,如果我们想要使用支付宝进行线上或线下的支付,首先需要向支付宝中充钱,而钱从哪里来呢?当然是我们的银行卡。我们的银行卡绑定在支付宝上,既可以直接使用支付宝消费银行卡中的钱,同时也可以把银行卡中的钱转移到支付宝之中。这就相当于我们在自己的银行卡和支付宝之间架设了一条通路。

现在有一个问题,我们银行卡中的钱是保存在银行账户中的,由银行帮我们保管,那我们转移到支付宝中的钱是保存在哪里的,又是由谁来保管的呢?事实上,当我们把钱转入支付宝中时,就相当于我们把钱从自己的银行账户转到了支付宝的银行账户中,同时支付宝会向我们发放同等的虚拟货币,这时支付宝充当的就是影子银行的角色,而它发放给我们的就是影子货币。

我们的钱从真实的银行转到了支付宝这个影子银行之中,支付宝为每一个注册用户在它的银行中都开辟了一个账户,用来存放用户的影子货币,具体表现就是账户余额。当我们用支付宝进行消费时,我们账户中的影子货币就会被转移到其他用户的影子账户中,当然对方一定也是使用支付宝的用户。

在整个过程中,作为消费者的我们并没有感到自己的资金受到了损失,毕竟用现金方式购买商品也需要支付同样的资金,使用支付宝和微信不仅方便,而且还可能参加优惠活动。对于消费者来说,支付宝和微信要比银行卡用起来更为方便。

但对于银行来说,这件事情就不是使用方便那么简单了,这是影子银行要取代真实银行的大事,甚至会影响到整个国家金融市场的问题。很多消费者认为银行是害怕支付宝和微信取代了自己的地位,确实有这方面原因,但银行对于影子货币的限制更多的是为了避免出现金融市场的动荡。

第二章
国际热钱与货币战争

影子银行如果积聚过多影子货币的话,就很容易对真实的银行造成冲击。如果在一个国家的金融市场上,影子货币大行其道,真实货币却被逼到了墙角,那么一旦发行影子货币的影子银行出现了经营上的问题,那么整个国家的金融市场就会瞬间失去秩序。到时即使真实银行想要通过货币政策进行宏观调控,也使不出力来,最终受到影响的依然是消费者自身。

试想,如果腾讯集团和阿里巴巴纷纷倒闭,那我们存在支付宝和微信中的钱要去找谁偿还?这种言论可能过于危言耸听,但从近两年共享单车行业的兴衰发展中我们应该可以看到影子货币在使用中存在的弊端。

经过了爆发式发展的共享单车行业,开始进入到稳定发展时期,"五颜六色"的共享单车也渐渐失去了光彩。共享单车企业倒闭为消费者带来的一个最大影响就是退押金问题,这和超市倒闭之后消费卡失效的道理其实是一样的。收到押金退还的消费者会感到庆幸,没有收到押金退还的消费者也只能默默承受。

影子货币究竟是一种经济发展的新机会,还是一个新的经济陷阱,在现阶段我们还没办法妄下定论。但从当前中国的经济发展现实来看,加强对影子货币的监管是首要任务。不久前,一批民营银行纷纷成立,影子银行开始向真实的银行发展。这既是对影子货币积极作用的认可,也是加强对影子银行金融监管的重要措施。这也是当前对于影子货币发展的一种最好应对措施,至于未来的结果如何,我们还需要拭目以待。

金融国际化的利与弊

随着经济全球化进程的不断推进,世界各经济体之间的经济往来日益频繁。伴随着经济全球化的脚步,金融国际化成为世界各经济体之间追求的一个共同目标。从理论上来看，如果金融能够实现国际化，那对世界经济的发展来说无疑是一件好事。但从近几十年的市场现实来看，金融的国际化似乎并没有想象中那样的美好。

从简单意义上来说，金融可以被理解为是资金的融通。在一个经济体中，将现有的社会资源以一种更加合理的方式进行分配，无疑是资金融通的最理想模式。

相对来说，这种资源的合理配置在一个经济体内要简单容易一些，但如果将其放到国际市场之中，想要实现资源的合理配置便不那么容易了。因为在这个过程中存在着一个最大的难题，那就是资金无法在全球范围内自由运转。

金融国际化要解决的就是这种资金无法在全球范围内自由运转的问题，而在解决了这一难题之后，资源在全球市场中的优化配置似乎就简单许多。

但实际上，金融国际化的问题却并没有这么简单。与大多数事件一样，金融国际化也存在着利弊两方面的影响，不同的经济体在寻求金融国际化的进程中也会面对利弊两方面因素。所以，对于金融国际化的问题，还需要对具体情况进行具体分析才行。

金融国际化是指一个国家的金融活动超出了本国国界，脱离了本国政府的金融监管，从而在全球范围内展开经营、寻求融合与发展的过程。其主要表现为金融市场国际化、金融交易国际化、金融机构国际化和金融监管国际化。

金融市场国际化要求具备两个重要因素，一是放松或取消对资金流动以及金融机构跨地区、跨国经营的限制，从而实现金融自由化。而另一点则是金融的创新，包括创造出新的金融工具、融资方式和服务方式。通过

第二章
国际热钱与货币战争

应用新兴技术,让全球的金融市场逐渐趋于网络化。

金融国际化最初是因为美国和英国进行国际金融管制,才使得国际融资活动转移到了国际市场上,从而不再受政府的管制。但此后,为了加强国内金融机构的融资能力,同时增强本国金融机构的实力,从而在国际金融市场上争夺金融资源,发达国家纷纷开始解除对国际银行业务和资本国际流动的限制。

1979年,英国政府取消了妨碍国际资本流动的限制。1984年,日本政府给予美国银行进入东京金融市场和包括承销政府债务方面的诸多权力,同时,日本三家最大的证券公司也因此获得了承销美国国债的权力。到了上世纪90年代,大多数发达国家之间已经实现了各种形式的资本自由流动,在此影响下,不少发展中国家也逐渐实现了国际资本的自由流动。

伴随着现代通信技术和互联网技术的蓬勃发展,金融行业犹如插上了翅膀一般,加上跨国企业和投资银行发展的推动,金融国际化又得到了进一步发展。1997年底,经过70多个国家和地区代表的广泛协商,就开放金融市场达成了协议,这一协议大大加速了金融市场的开放。虽然当时亚洲的金融市场并不稳定,但金融的自由化与国际化进程依然在不断向前发展。

金融的国际化趋势不断发展,对于不同的经济体将会带来不同程度的影响。它就像威力巨大的核武器一样,如果使用得当的话能够起到事半功倍的效果。但如果无法成功掌控它的话,金融国际化就将成为一柄达摩克利斯之剑,影响到经济体中金融行业的稳定。

从利弊影响上来看,发达的资本主义国家由于拥有十分完备的金融制度体系和法律保障,所以在金融国际化的进程中受到的不利影响要小得多。但对于金融制度体系还不够健全的发展中国家来说,金融国际化的影响就要深远得多了。

首先我们来看金融国际化的积极效应。金融国际化将会有利于发展中国家从国际市场之中吸引外资。大量的境外资本流入本国市场之中，不仅在一定程度上弥补了当地经济发展所面临的资金问题，同时也将会带动技术的发展和人力资源的交流。

在另一方面，金融国际化还有利于发展中国家吸收和学习发达国家金融运作的先进经验，从而提高自身金融行业的运作效率。相较于发展中国家，发达国家很早以前便建立起了市场经济体系。随着多年来的发展逐步完善，已形成一个较为完备的金融体系，对于金融风险的发生具有严密的控制机制，而这些正是发展中国家在金融领域所欠缺的内容。所以，利用金融国际化的契机，广泛吸收和应用发达国家先进的金融理念，有利于尽快构建起符合自身发展需求的金融体系。

金融国际化将会提高国内外金融行业间的竞争程度，相比于国内市场的安稳，一旦进入到国际市场，发展中国家的金融机构如果不提高自身的运作效率、不进行金融创新，就很容易被国际市场上的竞争对手淘汰。引入竞争机制将会进一步激发金融市场的活力，促进金融机构的创新发展。

当然，金融国际化不仅会为发展中国家带来发展的契机，同时在另一层面上也会增加发展中国家的金融风险。其就像是一柄双刃剑的两面，每一面都是不可回避的。在了解了金融国际化的利之后，我们接下来要了解一下它将会带来的一些弊端。

首先，金融国际化将会为发展中国家的金融行业带来极大的生存压力。在没有进行金融国际化之前，一国的金融业就好像是生长在温室之中的花朵，虽然生长得十分茂盛，但其本身抵御风险的能力还是比较差的。

| 第二章 |
国际热钱与货币战争

在金融国际化之后，大量外国金融机构进入本国市场之中，就像一场瓢泼大雨般浇撒在本国金融业头上。这对于本国的金融业来说是一场事关生存的考验，是否能够经受住压力、是否能够保证自身金融体系的稳定，是一个国家金融国际化成败的关键。

其次，金融国际化将会为国际热钱炒家的投机行为提供条件。金融国际化有利于国际间资本的自由流动，同时也为投机者们提供了逐利的机会。通过利用发展中国家利率、汇率管制放开后产生的金融产品价格波动，国际热钱将会大量涌入发展中国家进行套利和套汇。当投机者从一国大量撤走热钱时，很容易引发严重的经济危机，从而造成当地金融市场的崩溃。

金融国际化还将会加剧发展中国家经济的泡沫化程度，大量资金的涌入使得发展中国家的经济发展离开了原定的轨道，过快的经济发展速度导致经济发展结构的不合理，从而逐渐演化为泡沫经济。

放开金融市场同时也意味着发展中国家在金融监管和金融调控方面将面临严峻挑战。金融国际化之后，全球资本自由流通，出于逐利性的目的，发展中国家将成为金融资源的"开采地"。越来越多资本的涌入将会使金融监管变得困难重重。

金融国际化就像是一个矛盾的共同体一样，利弊共存。不仅对于发展中国家来说如此，对于发达国家也是一样。只不过相比较而言，发达国家因为拥有完备的金融制度体系，所以能够在一定程度上规避金融国际化所带来的风险。但相对而言，发展中国家显然不具备这方面能力。

我们没有办法去量化金融国际化究竟是好处多一点还是坏处多一点。但可以肯定的是，正如经济全球化一样，金融的国际化也是一个无法避免的趋势。这就要求世界各经济体在认清金融国际化的利弊之后，有针对性

地展开相应工作,完善自身的金融体系,为金融国际化的到来提前做好准备。这样既能充分利用金融国际化带来的好处,同时也能避免金融国际化可能带来的不利影响。

第三章

美元霸权与国际货币

凭什么让美元当老大

在前面的章节中,我们一直都在强调美国作为世界经济霸主这件事。之所以美国能够成为世界经济的霸主,起到最主要作用的还是美元。在世界货币体系之中,美元处于顶尖的位置,至少从目前看来美元的地位难以被撼动。这也就使得美国的经济形势虽然在近几年表现得并不抢眼,但却能够始终保持经济上的绝对领先地位。

从当前的国际金融体系来看,美元的地位是牢不可破的,即使是经历了严重的债务危机,美元的地位依然没有被撼动。美元为何会有如此强大的力量?美元又是如何一步步成为世界货币中的老大的?要回答这一系列问题,我们需要从货币产生的最初期说起。

在人类漫长的发展历史进程中，货币的出现可以说是人类的一大进步。在贸易交换过程中，不同的时期、不同的地域都有着不同的货币，贝壳、铜铁、金银这些东西都曾被作为货币使用过。由于金银的稀缺性和容易保存等特征，使得它们在世界经济领域成为最主要的货币形式。

"金银天然不是货币，货币天然是金银"，这句话正好说明了金银在世界经济领域作为本位货币的存在。我们知道，人类最初的交换行为是物物交换，甲有一只羊，乙有一把刀，甲想要乙的刀，而乙想要甲的羊，这样他们便可以直接进行物与物之间的交换了。

但是如果甲想要乙的刀，乙却想要一头牛，并不想要甲的羊，这样一来交易似乎便无法进行了。这时货币的作用就体现出来了，甲用金银从乙那里换到刀，乙又拿着金银去交换自己想要的牛。这时在物与物之间便出现了货币，充当着一个桥梁的作用。

这种关系在国家与国家之间的贸易中也同样存在，虽然国家之间的贸易多以纸币的形式进行，但每一个国家都必须要有金银的储备，没有金银作为储备就无法正常进行国际间的贸易活动。世界各国所发行的货币还必须要与本国的黄金储量相匹配，如果无视黄金储量而盲目滥发货币就会带来严重的货币贬值。

金银的本位币制度与美元之间存在什么样的关系呢？作为美国发行的一种货币，美元的发行也应当与美国的黄金储备挂钩。这样一来，如果金本位制度延续至今的话，那么哪个国家的黄金储备越多，哪个国家的话语权也就越大。

但现在美元一家独大，是因为美国的黄金储备量最多吗？确实，从连续几年的官方数据来看，美国的黄金储备始终高居榜首，但美元之所以能够取得如此高的地位，究其原因还要从1944年的联合国货币金融会议说

第三章
美元霸权与国际货币

起。如果对于这个会议的名称感到陌生，那么它的另一个名称"布雷顿森林会议"应该有很多人都曾听说过。

如果说两次世界大战是整个世界的灾难的话，那么对于美国可能并不适用。相比于其他国家在世界大战之中消耗殆尽，美国则大发战争之财，不仅在经济方面得到了巩固发展，在技术和军事领域也得到了增强，世界的中心也从欧洲逐渐转向了美国。

1944年7月，第二次世界大战濒临尾声，为了确保世界经济的稳定发展，并为战后世界经济的发展制定适当的路线，44个国家的代表在美国新罕布什尔州布雷顿森林镇召开了著名的布雷顿森林会议。其间成立了国际复兴开发银行和国际货币基金组织，同时确立了美元对国际货币体系的主导权，从而构建起战后国际货币体系的新秩序。

在这次会议上产生的国际货币体系被称为"布雷顿森林体系"。作为历史上第一个全球性的金融货币体制协议，"布雷顿森林体系"的建立也标志着世界货币体系从金本位进入到了"美元"本位的阶段。

在布雷顿森林会议上，确定了以美元为中心的固定汇率体系，同时也建立起美元和其他成员国货币间的固定比价。确定了一盎司黄金等于35美元的官价，参与协定的成员国货币的平价按照一定数量的黄金和美元表示，同时美国也承担起了接受各国政府或中央银行向美国兑换黄金的义务。

此次会议之后，美元便直接与黄金挂上了钩，而世界各国的货币则开始同美元挂钩，各国政府规定了各自货币的含金量，通过这种含金量的比例来确定兑换美元的汇率，并且波动不能超过法定汇率的1%。原来黄金是货币发放的基础，这样一来，美元就相当于承担起了黄金的作用。

既然世界进入了"美元本位"的时代，那么美国自然就会"母凭子贵",一步步走向世界经济霸主的位置。到这里,我们再联系前面章节中讲到的美国国债的问题,就会发现这些问题串联在一起形成了一个严密网络,而美国就像是织网的蜘蛛一样在这张网上面肆意横行。

美国自然知道世界各国如果根据协定内容用美元从自己手中大量兑换黄金,即使美国的黄金储备再多也不够兑换的。因此,1971年,为了阻止各国政府继续向美国用美元兑换黄金,其开始实施"新经济政策"。这一政策的出台,意味着美国单方面终止了布雷顿森林会议上同意各国政府按照官价向美国政府以美元兑换黄金的承诺,同时还要加征10%的进口关税。

这样一来,美元的发行便与黄金脱上了钩,美国可以随意发现美元,实行浮动汇率制度。即使印制更多的美元,美国也不必再承担向其他国家兑换黄金的承诺。随着美国单方面推翻布雷顿森林会议的协定,其他国家也纷纷撕毁了与美国保持规定汇率的协议。到这里,"布雷顿森林体系"彻底崩溃、名存实亡。虽然"布雷顿森林体系"垮台了,但"美元本位"的地位却没有改变。

美元就是这样取代黄金而成为世界货币的霸主,虽然在"布雷顿森林体系"之后世界货币体系又几经变革,但却始终没有改变美元作为世界货币霸主的地位。从另一方面来讲,之所以当时确定美元来取代黄金成为世界货币,最主要的原因还在于美国强大的经济实力以及综合国力。

现在虽然英镑、欧元、日元和人民币都开始强势崛起,但美元仍然是目前国际上最为普遍的支付货币,无论是黄金、原油,还是大宗商品,都是以美元来进行定价的。所以归根结底,美元的强势地位还是由美国强大的综合国力所决定的,其他国家的货币想要取代美元成为世界货币,就必须在经济和综合国力方面追赶上美国才行。

第三章
美元霸权与国际货币

神秘莫测的美联储

2018年1月23日,美国国会参议院批准杰罗姆·鲍威尔担任下届美国联邦储备委员会主席。美联储主席的每一次变动都会引起全世界的关注。经济学家布拉顿·史密斯表示,在鲍威尔出任新的美联储主席之后,美国将会进入到一个新的经济时代。

每一次美联储主席的上任都标志着美国央行行动的新变化。在格林斯潘担任美联储主席期间,美联储实施低利率货币宽松政策,在为金融衍生品创造条件的同时,也带来了2008年的金融危机。在伯克南担任美联储主席期间,美联储推出的刺激措施和经济援助进一步助长了资本市场的泡沫。而随后耶伦在位期间,美联储开始逐渐减少刺激措施,维持了资本泡沫的稳定。现在到了鲍威尔上任时期,他又将会采取哪些措施来影响世界经济的发展呢?

没错,我们刚刚提到的不是美国经济的发展,而是世界经济的发展。美联储作为美国的中央银行,与其他国家的中央银行有着明显不同,这与美国作为世界经济霸主的地位有着密切关系。前面也说过,美联储是"央行中的央行",它的每一项举措都将会影响世界经济的发展,同时也会影响到其他国家央行的行动。

那么,美联储又是根据谁的指示在制定经济政策的呢?我们知道,美国是"三权分立"的共和制国家,美联储作为美国的中央银行,主要是从国会获取权力。作为独立的中央银行,美联储的决议并不需要获得美国总统或者立法机关任何高层的批准。

虽然是独立的中央银行,但美联储需要服从于美国国会的监督,美国国会通过监督、观察美联储的活动，可以通过相关法令来改变其职能。同时，美联储还必须在政府建立的经济和金融政策的总体框架下开展工作。

从上面的描述可以发现，美联储并不是美国的政府部门，那么它是否是私人机构呢？阴谋论的支持者正是抓住了这一内容来宣扬美联储背后存在着包括罗斯柴尔德家族等金融巨鳄，作为股东，他们通过美联储来发动全球范围内的金融危机，从而大肆掠夺财富。

但实际上是否是这样的呢？我们先不急着下结论，在了解了更多关于美联储的信息之后，结论就将自动浮出水面。首先，我们来解决第一个问题：美联储是如何形成的。

美联储是由在华盛顿的联邦储备局和分布在美国各地区的12个联邦储备银行组成的。其主要的货币政策由联邦储备局委员和联邦储备银行的主席共同参与制定。在组织形式上，美联储采用联邦政府机构加非营利性机构的双重组织结构，这样便可以避免货币政策完全集中在联邦政府的手中了。

之所以采取这样的组织形式，主要是为了能够达到一种分权制衡的效果。美国是一个联邦制国家，所以美联储把12个联邦储备银行设立成非营利机构而不是政府机构，其目的就是在制定货币政策时能够听到更多私营部门的声音。

而在货币政策的制定和执行方面，美联储货币政策的最高决策机构包括联邦储备局的7名执行委员和12名联邦储备银行的主席。公开市场操作是美联储最重要的货币政策，是由华盛顿的联邦储备局和各个地区的联邦储备银行共同制定的。

联邦储备局的7名执行委员由主席、副主席和其他5位委员组成，这7位执行委员必须全部由美国总统提名，然后经过国会确认之后才能上任。执

第三章
美元霸权与国际货币

行委员一旦上任之后,总统没有权力单独罢免这些委员。如果要罢免这些执行委员,就必须通过国会2/3的人投票才行。一般来说,如果不出现严重的错误,这些执行委员很难被罢免。

由于这些执行委员的任命都需要通过总统提名和国会确认,所以想要控制这些委员的任命就同时需要控制总统与国会,而且这种控制还必须持续一段较长时间才行。事实上,无论是美国总统还是美国的国会,任何利益集团想要对其进行控制都是非常困难的。更何况在美国,国会和总统对着干的事情又时常发生,这对于哪个控制者来说都是一件头痛的事情。

不仅控制7位执行委员的任命十分困难,而且想要控制其他12个地区联储的主席也并不容易。作为非营利性的机构,每一个联邦储备银行都有其来自私营部门的董事会。虽然董事会成员并不直接参与公开市场的货币政策制定,但却担负着监督地区联储预算和提名地区联储主席的责任。

地区联储董事会的成员十分复杂,根据法律规定必须要包括各个行业的专业人士,因为这样才能够更好地体现出不同行业的声音。既要有专业的金融行业人士,又要有商业集团的CEO,同时还包括大学校长等公共机构的负责人。这些董事会成员的名单都可以在每个联邦储备银行的官方网站上找到。

从这里也可以看出,美联储在设立上充分考虑了各行各业的利益,同时也正是由于这种要求使得个别利益集团想要控制美联储几乎成为一件不可能的事情。在美国,想要同时搞定总统和国会,并且还要控制地区联储董事会中不同行业的成员代表,是一件不太可能完成的事情。

另一种观点认为,在美联储的背后存在着众多金融集团作为股东,通过影响美联储的政策制定,从而影响世界经济的运行,达到为自己牟利的目的,这更是一种空穴来风的谬论。在美联储的背后存在股东这件事并不假，但股东是几个庞大的金融集团这件事却可能性很小。

首先，美联储背后这些股东是联邦储备银行的股东，而不是联邦储备局的股东。所以，并不能笼统地将这种股东概括为整个美联储的股东。

从《联邦储备法案》可以发现，每个地区联邦储备银行的会员就是它的股东，这些银行可以认购自己所属地区联储的股权。虽然这些会员银行可以认购地区联邦储备银行的股权，但这些股权却是限制非常严格的特殊股票，既不能转让和出售，同时也不能参与利润分红，美联储将会以6%的固定年利率发放利息。当然，这些股东也没有权力去干预美联储公开市场政策的制定。

其实，关于美联储背后存在着家族利益集团的论调已经在美国流行了很久，但在美联储背后的这些会员银行也就是阴谋论之中的股东却并不是那些金融大鳄，而只是美国的银行而已。而且相较于美联储给予的6%的固定年息收入，各股东银行的主营收入要远超于这个数字。所以，这些股东银行想要依靠美联储来获取利润显然并不是一件划算的事情。

美元贬值的背后真相

"布雷顿森林体系"从1944年出现到1971年崩溃，看上去"美元本位"时代只持续了近30年时间。但正是在这30年时间，美元一步步取代黄金而成为国际流通货币。以至于在"布雷顿森林体系"崩溃之后，国际金融市场进入动荡期时，仍然有不少经济学者建议恢复美元本位制，但显然在这一时期，无论是哪种货币本位都很难获得全世界的认可。

在1976年，经过激烈的辩论与争吵，国际货币基金组织理事会通过了《IMF协定第二修正案》，至此，新的国际货币体系形成。由于此次会议在

第三章
美元霸权与国际货币

牙买加首都金斯顿召开,所以这项新的国际货币体系又被称为"牙买加体系"。

牙买加体系更多是修改布雷顿森林体系中存在的一些问题,同时还提出了尊重成员国各自的权力、提倡国际货币市场自由化等内容。

首先,牙买加会议确定了浮动汇率制度的合法化,同时也承认了固定汇率制和浮动汇率制并存的局面,成员国可以根据本国的实际情况自行选择汇率制度。其次,牙买加会议做出逐步让黄金退出国际货币体系,规定取消黄金官价,成员国中央银行可以按照市价自由进行黄金交易。

另外,牙买加会议还增强了特别提款权的内容,增加了成员国基金的份额、扩大了信贷的额度。通过这些举措,处于混乱状态的国际金融市场重新恢复了秩序。牙买加体系的形成也让国际货币储备呈现出了多极化发展趋势,原本单一的美元储备机制逐渐被多种货币储备机制取代,在一定程度上对美元造成了冲击。当然,这些都只是表面现象。从根本上来说,在这一体系中受益最大的还是美国。

在牙买加会议之中,许多国家都采取了浮动的汇率制度。但相比于其他采用浮动汇率制度的国家,美国采取汇率浮动制度却存在着一个重大好处。

由于在布雷顿森林体系中美元与黄金挂钩,其价值是固定不变的。但在牙买加体系之中,美元与黄金脱钩,实行浮动汇率制度的美国便可以随意让美元贬值。在前面我们提到,美国依靠不断对外借债来发展本国经济,美元的贬值将会让美国少支出一大笔借款,这看上去是一件十分无赖的事情,但前面也提到了,美国有借款的资格。

从美国国际经济研究所的统计数据来看,美元如果贬值20%到25%就会使美国的贸易赤字占国内生产总值的比例削减到2%。而在另一方面,据

《经济学家》报道，在布什政府时期，美元贬值使得美国消除了几百亿美元的对外债务。

那么，如何才能做到让美元贬值呢？这个方法其实很简单，大量发行纸币就可以了。纸币的发行不是应该以一国的黄金储备作为依据吗？大量发行纸币不会造成通货膨胀的情况吗？没错，纸币的过量发行确实会导致通货膨胀现象，但美国算是一个特例，在美国这种现象很难发生。

这里我们可以列举一个简单的例子对比一下。首先，假设中国开始大量发行人民币，从前面的章节中我们知道，人民币是没有办法去海外流通的，中国发行的这些人民币只能在本国的市场中流通。这样一来，市场中的人民币数量大增，就会引发物价上涨，从而带来通货膨胀的现象。

正是因为这样，所以在一个市场中可流通的货币并不是越多越好，而是要与市场中的货物价值保持一定的平衡。一旦这种平衡被打破，就会出现各种各样的经济问题。但同样是大量发行货币，美国却并不会出现这种情况，或者说，美国可以将大量发行货币所带来的危害转移到其他地区。

在牙买加体系之中，当美元摆脱了黄金储备的限制之后可以无限制地进行发行。虽然布雷顿森林体系已经崩溃，但30年来，世界各国已经积累了大量美元作为外汇储备货币，一时之间并没有办法摆脱对于美元的依赖，即使是现在世界各国也依然没有摆脱对于美元的依赖状态。

同时又由于美元作为国际大宗商品和贸易的结算货币，所以即使美国发行再多的美元也可以让其全部流通出去，而不至于囤积在国内而导致出现通货膨胀的现象。其他国家的市场就像是一个没有泄洪口的蓄水池，一旦大量发行货币，不断上涨的水位就会把水池冲垮。但美国这个蓄水池有许多泄洪口，即使发行再多的货币也不会出现"水满为患"的现象。

美元的任意发行虽然没有给美国带来通货膨胀等不利影响，但却给其

第三章
美元霸权与国际货币

他国家带来了重大影响,其中受影响最大的就是在国际贸易之中处于盈余状态的生产性国家。一方面,这些国家依靠出口囤积了大量的美元作为外汇储备,美元的任意发行使得美元贬值,这些国家的外汇储备大幅缩水。而另一方面,这些生产性国家主要依靠原材料的进口和加工获得利润,美元的任意发行从一定程度上提高了原材料的市场价格,让这些生产性国家的利润空间逐渐缩小。

20世纪80年代初期,美国的财政赤字剧增,对外贸易逆差出现了较大幅度增长,美国希望通过美元贬值的方法来增加产品的出口竞争力,从而改善自身国际收支不平衡的状况。

1985年9月22日,美国、日本、联邦德国、法国和英国的财政部长和中央银行行长在纽约广场饭店举行会议,达成了五国政府联合干预外汇市场,诱导美元对主要货币的汇率有秩序地贬值,以解决美国巨额贸易赤字问题的协议。由于会议是在纽约广场饭店举行的,所以该协议又被称为"广场协议"。

"广场协议"签订之后,五个国家开始联合干预外汇市场,在国际外汇市场上大量抛售美元,从而形成了市场投资者的抛售狂潮,最终导致美元持续大幅度贬值。在不到三年的时间中,美元相对日元贬值了50%。

美元贬值、日元升值看上去为日本进行海外投资提供了机会,但事实并非如此。借助于美元贬值的契机,日本和德国的许多品牌都开始了海外扩张的进程。虽然本国的外汇储备同样随着美元的贬值而大幅缩水,但本国货币升值为这些国家带来了极好的海外投资的机会。

但美国自然不会毫无目的地帮助这些国家去进行海外扩张,正如前面所说,美国的美元贬值计划主要是为了解决自身的财政赤字和对外贸易逆差。而让美元大幅贬值恰恰可以达到这个目的,同时还能够进一步减少自己的外债。

为了配合美元的贬值计划，日本开始按照计划让日元升值。同时，为了防止日元升值可能带来的通货紧缩问题，日本主动降低了本国的利率。而随着日元的不断升值，日本正式进入到"泡沫经济"的鼎盛时期。而在泡沫破碎之后，留给日本的则是长达十年的经济停滞期。

当然，日本经济的长期停滞并不能完全归因于"广场协议"的签订，但日本的惨痛经历却不得不引发我们的深思。在国际金融市场上，完全共赢的合作是并不存在的，虽然每个人都想要从中获得好处，但最终的结果可能并不如当时自己所设想的一样。美元的货币霸主地位让其可以通过贬值的方式来为自己获得利益，但这并不代表此种方法对于任何其他的经济体都能够同样适用。除非哪一天美元从货币霸主的位置上跌落下来，但是，又有哪种货币可以去挑战美元的霸主地位呢？

未来，谁敢去挑战美元

全世界似乎都在等待着美元从世界货币霸主的位置上跌落下来，但迄今为止似乎还没有哪种货币能够代替美元成为新的世界货币霸主。每一个国家都希望本国货币成为国际通行货币，但显然这种事情在当前发生的概率微乎其微。要么一个经济强国的货币代替美元成为世界货币霸主，要么几个经济大国的货币分解美元作为世界霸主的地位。

那么，究竟有哪些国家的货币能够挑战美元的霸主地位呢？我们将这个问题放在最后去解答，在此之前，我们先来关注几个其他的问题，这样能够更加有利于我们分析究竟要达到何种程度才能够去挑战美元的霸权地位。

第三章
美元霸权与国际货币

首先,我们来看一下美元作为世界货币霸主地位的表现。第一点表现在于在世界贸易结算之中,主要使用美元进行结算,美元在全球货币支付市场之中的占比超过了60%。也就是说,如果中国想要从中东地区购买石油,就要先将人民币兑换成美元,然后拿着美元去中东地区购买。直接拿着人民币去购买石油是行不通的,即使中东地区国家愿意,美国也不会答应。

另外,世界各国汇率的涨跌一般都是参照于美元,所以美元的涨跌对于世界其他货币来说有着重要影响。而美联储作为美元的印钞机构,它的一举一动都将会影响整个世界。通过美元的霸权地位,美国获得了巨大经济利益,同时也对其他国家的经济产生了重要影响。

美国可以通过印制美元获得巨额的铸币税,如果美国印制100美元的成本是1美元,那么剩下的99美元就是全世界向美国缴纳的铸币税。同时,由于世界上其他国家的汇率都与美元挂钩,所以美国一旦采取紧缩性货币政策,其他国家就不得不被动加息,不然国内的资本将会出现大量外流,从而导致本国货币的贬值。委内瑞拉、埃及等国家近几年的经济形势来看就是最好的例证。

从这些表现可以看出,以美元作为国际货币对于其他国家来说并不是一件有利的事情,所以停止以美元作为国际货币是世界各国的共同心声。而从具体的实现方式来看,想要对抗美元的霸权地位,降低美元在国际结算之中的比例是一个最主要方式。

但是,由于国际上的货币种类过多,小国的货币普遍不被认可,而大国的货币又无法达到与美元相互对抗的地步,所以美元作为国际贸易结算货币的地位并没有改变。为了不再出现布雷顿森林体系崩溃后国际间因为缺乏稳定货币作为硬通货而导致的金融市场混乱情况,美元作为国际结算货币的地位一直都难以撼动。

多数人认为美元霸权的形成是在布雷顿森林体系之中，随着布雷顿森林体系的崩溃后美元霸权遭受到了一定削弱。但实际上，布雷顿森林体系崩溃后美元的霸权地位不仅没有被削弱，在很大程度上还得到了增强，这与美国采取的一项举措有着重大关系。

在布雷顿森林体系崩溃之后，美元与黄金之间彻底脱钩，为了挽救美元的霸权地位，美国在1974年与沙特阿拉伯达成了石油美元协议。协议规定，美元是石油定价和交易的唯一货币，由于沙特阿拉伯在石油输出方面占据着巨大的市场份额，因此仅仅一年之后所有的OPEC成员国便都认可了这一协议。

石油与美元被牢牢地捆绑在一起，这是美国巩固美元霸权地位的重要手段。事实上，这也是极其高明的一种手段，虽然现在这种情况有所松动，但在短时间内却根本无法打破。美国依靠自己强大的经济和军事实力始终维持着这种状况的持续稳定，而一旦出现挑战者，美国便会展开行动。

在2000年，萨达姆宣布将伊拉克的石油交易以欧元结算，随后，俄罗斯、伊朗和委内瑞拉等国纷纷响应，将石油出口也改用欧元进行结算。但随着伊拉克战争的爆发，萨达姆政权被推翻，萨达姆本人也被送上了绞刑架，伊拉克的原油出口结算货币也从欧元重新改回了美元。

2017年8月9日，据美国《防务新闻》报道，经过三年艰难谈判后，俄罗斯和印度尼西亚达成协议，将在今年晚些时候签署合同以棕榈油、咖啡和其他货物来换取11架苏-35战斗机。这种以物换物的方式可以说是一种挑战美元霸权的另类尝试，但显然这种方式在全世界普遍推行起来并不现实。

| 第三章 |
美元霸权与国际货币

2017年9月4日,《日经亚洲评论》报道称,中国准备发行以人民币计价、可转换成黄金的原油期货合约,这一合约有希望成为最重要的石油基准,同时允许出口商绕过美元计价基准而用人民币进行交易。

这一原油期货是中国首个向外国投资者、交易所和石油公司开放的商品合约。这种绕过美元的交易可以让俄罗斯和伊朗这样的石油出口国通过人民币交易从而避免受到美国的制裁。而为了让这一以人民币计价的期货合约更具有吸引力,中国还计划允许人民币在上海和香港证券交易所兑换成黄金。虽然现在大众还没有看到中国人民币原油期货合约,但一旦这一期货合约推出,将会对以美元作为石油结算的唯一货币体系造成严重影响。

随着中国"一带一路"倡议的实施,目前全球一些较大的能源出口国包括俄罗斯、伊朗、阿联酋都已经同意接受人民币结算。在中东和俄罗斯等重要的能源供应地区,都已经建立起人民币清算中心。同时,中国央行也已经与卡塔尔、阿联酋央行签署双边本币互换协议,并给予一定的RQFII(人民币合格境外投资者)额度,在这些国家推动人民币计价、结算大宗商品的金融基建与结算条件都已经初步具备。

美国自然不会让人民币顺利完成替代自己的过程。在2017年11月28日,美国商务部宣布将针对进口来自中国的普通合金铝片自发开展反倾销与反补贴税的双重调查,这是时隔25年之后美国政府首次主动对输美产品展开反倾销和反补贴调查。

而在2017年11月30日,特朗普政府已经正式拒绝中国根据《中国加入世界贸易组织协定书》第15条获得市场经济地位的要求。虽然之前日本和欧盟也曾宣布不承认中国的市场经济地位,但美国这次将其作为提案交到WTO,介入中国和其他国家的贸易纠纷之中,实际上是一个十分不好的信号。

如果美国这一举动使得此前承认中国市场经济地位的国家调头转向，那么中国将会陷入十分险恶的境地之中，这对于中国的对外贸易将会产生极其严重的影响，中国的制造商也会因此而损失惨重。

虽然从经济形势上看中国仍然保持着昂扬向上的发展姿态，人民币也在逐渐实现国际化的进程，但想要挑战美元的霸权地位可能还需要很长一段时间。美国自然不会拱手让出多年经营而来的美元霸权，一旦发现有敢于挑战自己霸权地位的对手，美国将会采取各种手段加以制止。

那么，对于中国来说，是继续缓步推进人民币的国际化进程呢，还是举起大旗高调向霸主提出挑战？具体形势将如何发展，我们只能静观其变。

债务危机欧元末路，谁该为之高兴

一国货币的国际化进程在很大程度上取决于国家的综合国力的强弱。如果美国现如今没有强大的经济、军事和科技实力的支撑，即使美元的霸权地位早在30年前便已形成也很容易被打破。之所以没有哪个国家的货币可以与美国相抗衡，一个最为主要的原因就在于没有哪个国家的综合国力可以与美国相抗衡。

20世纪80年代的日本，曾有机会与美国展开竞争，但由于泡沫经济的破裂，日本经济陷入到停滞状态，也因此失去了争夺世界经济霸权的机会。随着90年代亚洲金融风暴的到来，原本繁荣发展的亚洲国家如遭遇了一场霜降般瞬间便失去了活力。可能有人认为早期繁荣的欧洲可以会与美国展开竞争，但欧洲的辉煌早已经随着两次世界大战的硝烟而远去。

第三章
美元霸权与国际货币

在2008年全球金融危机开始后,美国依靠强大的经济实力以及美元的霸权地位减少了自己在经济危机之中所受到的危害。但这种危害的影响却扩散到了全球,这其中欧洲国家更是受到了极大影响。

早在华尔街金融风暴发生初期,冰岛的主权债务问题便开始出现,由于其并不在欧盟区之列,所以欧盟成员并不需要对其承担救助的责任。但实际上,并非欧洲国家不出手相救,只是因为此时它们的处境也并不好过。

2009年底,希腊的主权债务问题被爆出。2009年10月20日,希腊政府宣布当年财政赤字占国内生产总值的比例将会超过12%,这一比例远远超过欧盟所设定的3%的上限。希腊新任首相乔治帕潘德里欧指出,这是因为其前任隐瞒了大量财政赤字,所以才会出现这样的情况。随着全球三大评级公司相继下调希腊主权信用评级,希腊主权债务危机爆发了。

作为欧元区成员国的希腊爆发主权债务危机,欧元区的其他成员国自然需要想办法帮忙解决。但经过漫长的讨论之后,欧元区成员国依然没有找到一个可行的解决办法。事实上,由于欧元区内部的协调机制运作不畅,不仅致使希腊救助计划迟迟没有推出,更让主权债务危机开始恶化,呈现出了蔓延扩散的趋势。

很快,葡萄牙、西班牙、意大利和爱尔兰等国也被爆出财政问题,希腊主权债务危机开始蔓延。随着信用评级机构对这些国家主权信用评级的降低,这种主权债务危机变得更加严重、恶劣。

作为欧元区国家,德国和法国自然要对这些身处危机之中的国家伸出援手,但令他们没有想到的是,自己的出手非但没有将"落难的弟兄"拯救出来,还让自己拖入了泥潭之中。随着2012年7月德国信用评级的下调,欧盟最后一个经济发展稳定的国家也陷入到债务危机之中,至此整个欧盟区的债务危机开始形成。

欧债危机不仅使欧盟区国家的信用评级降低，更让欧盟区国家的经济受到严重打击。债务危机导致资本外流加重，信用评级的降低又加速了资本外流的进程，资本外流又使得欧盟区国家由于资本不足而无法摆脱债务危机，这种恶性循环让欧盟区经济恶化的情况更加严重。

其实，从根本上来看，只要有足够的资金和广阔的市场支持，欧盟区的欧债危机便可以轻松得到解决。但欧债危机会从一个国家传播到欧盟区的所有国家，甚至连经济始终稳定发展的德国都不能幸免，一个根本原因就是在于欧元体制存在着固有的弊端。

欧元是欧盟中19个国家的货币，在2002年7月欧元成为了欧元区的唯一合法货币。作为自罗马帝国以来货币改革最为重大的成果，欧元的出现不仅使得欧洲单一市场得以完善，同时也让欧元区国家之间的自由贸易更加方便，更是推动欧盟一体化进程的关键。

凭借欧元的出现，欧洲本可以建立一个强势货币和强大的区域货币体系，从而削弱美元的霸权地位，在变革世界货币体系的同时为欧洲国家谋求更多的利益。如果欧元成为国际流通货币，将会在国际贸易的结算和各个国家的外汇储备方面充当重要角色，从而对美元的货币霸主地位造成严重的挑战。

虽然有着美好的前景，但是欧元自诞生以前似乎就存在着结构性的弊端，这不仅限制了其对于美元货币霸主地位的挑战，同时也使得欧元区国家在陷入债务危机之中后无法通过货币贬值的方式来实现自救。

欧元区各国之间发展水平的不平衡决定了这种结构性弊端的出现，这也是货币联盟必须面对的问题。在一个以货币作为联结的联盟之中，不同国家的竞争力和生产力发展的速度不同，而随着时间的流失，各国之间原本

第三章
美元霸权与国际货币

存在的差距还会不断扩大。当经济景气的时候，这种情况并不会引发什么问题，而当处于经济下行阶段或是经济危机之时，问题就将凸显出来。

当货币联盟遭遇到经济下滑或者经济危机之时，总的需求量将会下降，同时会对竞争力低的产业和国家造成更大的影响。如果这些国家想要摆脱危机，就需要花费更高的融资成本，而这种影响将会在整个联盟之中对不同的国家造成非对称性冲击。

而在一个货币联盟中，想要缓解这种危机所带来的负面影响，就需要把繁荣地区的资金转移到萧条的地区。但是，以欧元为基础的货币联盟却不具备这样的条件，如果欧元区想要实现这样的收入系统转移就需要首先改革《马斯特里赫特条约》，并且获得每一个成员国的批准，或者达成一些双边协议才行。显然，欧盟很难达成这样的条件。

由于统一使用欧元，陷入债务危机的国家便没有办法通过降低利率和利息的方法让货币贬值，这样就既没有办法去开拓出口市场，也没有优势来吸引投资。如此一来，政府所能够使用的缓解危机恶化的方法就只剩下扩大政府支出、采用各种补助政策了。这就导致在旧债还没有还清的情况下又去借新的债务，用旧债填补新债，最后导致债务危机形成恶性循环。

在经济形势向好的时候，欧元为欧盟成员国之间创造了极大便利，但当真正的危机出现时，欧元却因为先天性的弊端成了欧盟成员国之间的绊脚石。虽然实现政治联盟或许能够解决这一困难，但要真正实践起来却是难上加难。而要放弃拯救原则，恢复各国财政责任自理，又会导致欧盟成员国之间的生活水平差距进一步拉大。而想要解决欧元所处的这种尴尬境地，并不是一件容易的事。

虽然现在欧元区国家已经相继走出债务危机的困境，但曾经的伤痛记忆却是难以抹去的。想要恢复欧元区曾经的辉煌，就必须从根本上将欧元本身所具有的结构性弊端清除才行。原本被认为可以与美元一较高下的欧元彻底被淘汰出了竞争的队列。这对于美国来说无疑是一件值得高兴的事情，美元的霸权地位得到保障，又一个挑战者跌落马下。

人民币的崛起之路

北京时间2015年12月1日，国际货币基金组织正式宣布，人民币将在2016年10月1日加入SDR（特别提款权）。距离上一轮评估整整经过了5年时间，人民币终于被批准加入SDR。正如国际货币基金组织总裁拉加德所说："人民币进入SDR将是中国经济融入全球金融体系的重要里程碑，这也是对于中国政府过去几年在货币和金融体系改革方面所取得的进步的认可。"

当人民币加入SDR之后，我们便可以直接使用人民币在境外旅游、购物和投资，这将会降低汇兑成本，同时也可以避免汇率的风险。当然，最主要的意义在于人民币开始正式成为与美元、欧元、日元、英镑相比肩的国际货币。这对于人民币的国际化是一个里程碑式的事件。

这是否可以说人民币已经具有实力去挑战美元的霸权了呢？至少从现在来看，人民币想要去挑战美元的霸权地位还有很长的路要走。但从近几年的情况来看，人民币的持续崛起确实引起了全世界的关注。

近几年来，欧美各国逐渐走出经济危机的阴影，进入到复苏发展阶段，而中国经济却始终保持着稳定的增长速度。随着中国经济实力的不断增强，中国的货币在国际上的声望与日俱增，这也进一步加快了人民币的国际化步伐。

在中国经济持续增长的同时，人民币的国际购买力却始终保持在一个

第三章
美元霸权与国际货币

较低水平,这便使得国际上要求人民币升值的呼声越来越高。对于普通百姓来说,人民币升值意味着能够以同样的人民币兑换到更多的美元,这说明人民币更加值钱了。所以,有人将人民币升值与人民币的崛起画上了等号。但从现实来看,人民币的升值不仅无法代表人民币的崛起,在很大程度上还会影响中国经济的持续稳定发展。

在了解这一问题之前,我们首先应搞清楚人民币汇率的变动与进出口贸易之间的关系。简单来说,人民币升值意味着用同样的人民币可以兑换到更多的美元,这样对于进口企业来说便可以花费更少的人民币来进口到相同美元的商品了。但从另一方面来看情况就截然相反了,人民币升值之后,中国企业的出口利润将会减少,这对于出口企业来说是一种致命打击。

中国的经济始终以出口导向型为主,经济的发展也非常依赖于国际市场,所以出口产业可以说是近年来中国经济发展的重要支柱。正如前面所说,人民币的升值虽然对于进口企业来说非常有利,但是对于出口企业来说则无异于被截断了生命线一样。

如果说人民币升值不意味着人民币崛起的话,难道意味着人民币正在走向衰弱吗?我们当然不能这样理解。这里所说的人民币升值并不意味着人民币的崛起,是因为这种升值是单一的、非健康的,因为在人民币升值和人民币崛起之间还缺少一个重要的东西,那就是国际结算。

关于国际结算,在前面的章节中我们有过介绍,美元正是由于作为国际结算货币才能够始终保持霸权地位。也就是说,当人民币可以作为通用的国际结算货币时,才标志着人民币正式走上了崛起的道路。

2009年4月,在G20伦敦峰会前夕,中国人民银行行长周小川发表了《关于改革国际货币体系的思考》,提出应特别考虑充分发挥SDR的作用,这一说法引起了国际社会的广泛关注和热烈讨论。自此,完善国际货币体系和增强SDR作用开始进入G20峰会的议程之中。

在2011年,法国作为G20主席国提出了国际货币体系改革的议题。到了2015年,国际货币基金组织执行董事会决定将人民币纳入SDR货币篮子之中。2016年,中国作为G20峰会主席国召开了G20杭州峰会,重启国际金融架构工作组,继续推动国际货币体系改革的讨论,并成功推动了世界银行和渣打银行在中国发行SDR计价债券。

自从2016年10月1日起,人民币正式加入特别提款权货币篮子。根据国际货币基金组织的规定,其官方交易,包括向IMF缴纳份额、IMF和成员国间贷款、还款和支付利息都要通过SDR或"可自由使用"货币来进行。这也就是说,此后中国和其他成员国将可以使用人民币进行上述交易了。

另一方面,在加入SDR后,人民币作为国际储备货币的功能将会得到很大提升。其他国家的央行、集团基金和投资公司可以通过购买人民币债券等方式,增持人民币资产作为外汇储备。

在2018年1月15日,德国央行执委安德烈亚斯·多布里特在中国香港举行的亚洲金融论坛上表示,德国央行董事会已经决定,在完成了组织和技术筹备工作之后将把人民币纳入本国的外汇储备中。

而仅仅在一天之后,法国财经报纸《回声报》报道称,法国央行向外界部分公布了其外汇储备战略。该机构表示仍将美元作为主要外汇储备货币,但同时也将外汇储备分散到了包括人民币在内的币种。但法国央行并没有透露从什么时间开始引入人民币作为外汇储备的,也没有披露每种外币所占的比例。

截至2016年末,中国人民银行已经在23个国家和地区建立起人民币清算安排机制,为境外主体持有和使用人民币提供便利,这些地区覆盖了东

第三章
美元霸权与国际货币

南亚、欧洲、中东、美洲、大洋洲和非洲等地。同时,中国人民银行已经与36个国家和地区的中央银行或货币当局签署了双边本币互换协议,总规模超过3.3万亿元人民币。

从环球同业银行金融电讯协会公布的一组数据来看,截至2017年11月末,人民币作为全球支付货币的市场占有率为1.75%,相较于5年之前的0.25%得到了很大提升。而从国际货币基金组织公布的官方外汇储备货币构成季度数据来看,截至2017年9月末,人民币占全球外汇储备的比例已达到1.12%。

虽然这些数据相较于美元、欧元在国际货币结算和国际外汇储备的比例仍然较低,但正是这些数据证明了人民币正在一步步实现国际化的进程。人民币想要完成国际化的过程,就必须要得到国际社会的广泛认可,同时还要保证人民币的汇率稳定才行。

要想做到这一点,除了应不断完善金融市场和货币管理制度外,最主要的还是提升自身的政治经济实力,只有中国的政治经济实力达到了一定程度,才能在国际市场中掌握主动权,从而实现本国货币的国际化进程,最终真正走完人民币的崛起之路。

为什么人人都想当国际货币

无论是美元的霸权还是人民币走出国门,抑或是日元的国家化,大家追求的目标都是一样的,那就是成为国际货币。

什么是国际货币,这个问题相信已经不需要做出解释了,那么,国际货币到底有什么好的,为什么人人都想当国际货币呢?

要回答这个问题,我们需要引入一个在前面不断提及的名词——铸币税。

所谓铸币税并不是真的税种，货币铸造成本低于其面值而产生的差额。比如说政府印100元钱，换走人民币等值的商品或服务，但这100元面值实际上是远远低于商品或服务的真实价值的。

这样说可能有些读者还是不明白，那么我们就举一个更形象的例子吧：

比如说，甲和你做生意，他向你打十张欠条，每张欠条换你一栋房子，然后你以后还可以用欠条再把房子换回去，或者用欠条去换别人的东西，然后让别人来和甲换房子。在这个例子中，欠条就是甲向你发行的货币。

然而，因为你们之间没有约定甲只能印十张欠条，所以甲可以偷偷多印一张欠条，把它放到市场上。市场上凭空多出来一张欠条，那么可想而知，这样你手里的欠条就贬值了。

所谓货币，就是政府向人民发放的欠条。那么，现实如果真如案例中说的那样，甲真的敢于这样去做，可想而知的是，一定不会有人要他的欠条。

但是，如果把甲替换成为政府，那么这个货币是要还是不要呢？答案是，不要不行。因为政府是一个地区唯一能够控制发行货币的力量，其可以依靠强制力要求每个公民必须使用本地或本国货币。因此可以这样说，铸币税是政府明目张胆地占人民的便宜。但因为政府本身就是由人民构成的，政府的开销也多用于人民，所以铸币税又未见得有多么不合理。

事实上，自从诞生货币以来，任何政府都没有放弃过对于铸币税的追求。原因很简单，这么容易就能够增加财政收入的办法，即便是傻子也不会放过。

第三章
美元霸权与国际货币

但这里有一个问题，那就是铸币税拿多少合适，政府要考虑市场发展的容量和人民承受的能力。虽然板子是打在所有人的身上，但疼痛感还是不一样的。对于大多数人来说，过高的铸币税会成为很大的负担，慢慢地就会导致严重的社会问题。

举个例子，一个国家原有货币1万亿元已经足够市场容量了，但政府突发奇想，又凭空增发1万亿元。在国家层面，是实收了5000亿元的铸币税，也就是原有的1万亿元实际价值被国家抽走了一半。但对于国民来说，则是手中的货币瞬间贬值了50%，很多人可能就生活不下去了。

所以说，铸币税虽然每个政府都要拿，但却很少有拿很多的，毕竟国民是政府的主体，如果把国民的血都吸干，那政府又怎样维持呢？而历史上但凡有敢于逆经济规律而行的，一般都会受到经济规律的报复。

明朝初期政府曾经印发过纸币供民间流通，但因为铸币税收得太厉害，不但激起了民变，到后来干脆连官府也不用了，纸币于是直接在民间退出了流通渠道。

这里还需要说明的是，铸币税征收的对象并不以地区或国家为限制，而是以货币的使用者为限制。凡是使用某一货币的人，都会被货币的发行方征收货币税。那么，问题就清晰明朗了，为什么人人都想当国际货币呢？因为人人都想征收外国人的货币税。

征收外国人的货币税，然后应用到本国建设上，这种"薅邻居家羊毛"的行为肯定是所有人都想做的。

还是举刚刚那个国家的例子，原有货币1万亿元，在国内有5000亿元，另一半在国外，这时候再发行1亿元，实收5000亿货币税，但国内人民的损失只有2500亿元，国家再把这5000亿元花到改善人民生活上来，这笔账怎么算都是赚。

正因为国际货币有这种好处,所以即便像津巴布韦这种经济非常不靠谱的国家也都梦想着把本国货币推向国际。

然而,这实际上是非常困难的。其原因是,除非有特殊情况,国际货币的角色由且只能由一种货币承担。这道理在于,国际货币的发行量一定会超过市场的需求量,而在需求量得到满足的情况下,人没有必要放弃一种现成的货币而改用另一种。

而现如今,国际货币是美元,美国对世界市场之于美元的需求有着准确评估,是不会给其他货币留下空白的。

况且,对于美国来讲,美元作为国际货币还有另外的好处,他们也不会允许美元的地位发生动摇。

美元作为国际货币,不但会成为美国的软实力,更能够将美元与世界经济单项捆绑。所谓的单项捆绑,指的是美国可以通过美元来扩散国内经济问题,让世界替美国人担风险,也可以用美元建设防火墙,通过操控汇率的方法防止外国经济问题影响到美国。

因为国际货币有这么多好处,也因为国际货币有绝对的排他性,所以直到今天我们看到仍没有其他货币能够撼动美元的地位。而且,很多国家和地区所谓的货币国际化无非是在本国与他国结算的时候提倡使用本国货币,而这对于美元的威胁近乎为零。

所以,可以想见的是,只要世界经济仍旧发展下去,每个国家仍旧会做货币国际化的梦,只不过在短时间内我们还看不到丝毫美元丧失其国际货币地位的迹象。至于未来会怎么样,恐怕就需要出现经济上可以与美国掰手腕的国家才能够有所变化了。

第四章

全球股市与资本运作

美股，美国控制世界经济的另一个武器

我们在谈论一个国家经济发展的时候，股票市场是一个不能绕开的话题。作为资本市场中最为重要的组成部分，股市是经济的晴雨表。在市场经济国家中，股市是企业融资最主要的方式。因此，通过了解股票市场的发展情况就能从一定程度上看出这个国家的经济发展状况。

美国股市是世界上最早出现的股市，同时也是发展最完善、最良好的股市。如果说股市是一个国家经济的晴雨表的话，那么美国的股市就是世界经济的晴雨表。所以，在了解世界股票市场之前了解美国的股票市场是十分必要的。

美国股票市场主要包括纽约证券交易所、纳斯达克交易所、美国证券

交易所。在这些交易所之中，纳斯达克交易所的名气最大。作为世界第一大证券交易市场，其向来受到美国以外企业的青睐。

纳斯达克交易所创立于1971年，是世界上第一个采用电子交易方式的股票交易所。每天在美国市场上换手的股票中有超过半数的交易在纳斯达克上进行，有将近5400家公司的证券在这个市场上挂牌。

纽约证券交易所是仅次于纳斯达克的世界第二大股票市场。成立于1792年的纽约证券交易所全球市值达15万亿美元，大约有3000家公司在此上市。除了英特尔和微软公司外，处于道琼斯工业平均指数中的公司都在纽约证券交易所上市。

同样位于纽约市华尔街附近的美国证券交易所现为美国第三大股票交易所，虽然在实力上不及纳斯达克和纽约证券交易所，但美国证券交易所却是唯一一家能够同时进行股票、期权和衍生产品交易的交易所，同时也是一家关注于易被人忽略的中小市值公司并为其提供一系列服务来增加其关注度的交易所。2009年1月16日，纽约证券交易所集团并购了美国证券交易所。

而与股票交易所同样重要的则是股票价格指数，它是指由证券交易所或者金融服务机构编制的用来反映市场上组成股票价值的一个数据。股票价格指数通常被用于展现组成股票的共同特性。

根据股票价格指数编成方式的不同，可以分为广基指数和专门指数。广基指数代表的是整个股票市场的绩效，采用这样的方式来反映投资人对经济现状的敏感程度。而专门指数则是指追踪特定市场部门、特定规模、特定管理模式或者特殊条件公司的绩效。

全世界范围内的大多数股票市场都有专门的股票价格指数，其中比较出名的包括美国道琼斯工业指数、美国标准普尔500指数、英国伦敦金融

第四章
全球股市与资本运作

时报指数、日本日经指数、香港恒生指数和中国上证指数等等。

通过股票价格指数，投资者可以了解到股票市场中股票价格的变化趋势，因此能够更好地帮助投资者掌握股票市场的全局性动向。作为股票市场价格变动的一个重要指标，只有看懂了股票价格指数才能预测出股票市场的走向，也才能更好地进行股票市场投资。

前面说过，股票市场发展得是否良好是决定这个国家经济是否繁荣的晴雨表。当股票价格大涨时，经济便进入到繁荣发展阶段，而当股票价格大跌的时候，经济便会陷入危险期之中。而美国股市的涨跌，在影响美国经济的同时，又在不断影响着世界经济的发展。所以，美国可以通过对股票市场的调控影响世界经济的发展。

美国是否真的调控过股票市场，这件事我们没办法确定，但可以肯定的是，美国股票市场的变动确实严重影响着世界经济的发展。这其中最为明显的体现就是有史以来数次全球性经济危机的发生。

最近一次出现从2007年10月开始，美国股市受到次贷危机的影响开始一路狂跌，截止到2008年11月，道琼斯指数从14279点最低跌至7800点附近，跌幅达到了45%。有越来越多的金融机构倒下，让这次股市风波逐渐演变成了全球性的金融危机，世界上的各大经济体都受到了波及。而在中国股票市场上，上证指数从6124点一路下跌，最低跌至1664点，跌幅达到了72.83%，这种股票价格指数的下跌可以说是相当严重的。

再往前，1987年10月19日，美国道琼斯工业股票价格指数下跌了508点，跌幅达到22.6%，这一天也被称为"黑色星期一"。引发此次事件的直接原因是金融业的投机现象，而美国连续不断的巨额财政赤字和贸易赤字也是引发这次股票暴跌的一个主要原因。

随着美国股票市场的下跌，伦敦股票市场也应声下跌249点，巴黎股票市场下跌9.7%，东京股票市场下跌了14.9%，香港股票市场则停止了交易。随着美国此后采取的提高利率措施，使得国际上的资本流向发生变化，这也成为日本出现严重经济泡沫的一大原因。

正如前面章节所讲到的一样，到1989年底，日本巨大的经济泡沫破碎，日本的股票市场也崩溃垮塌。这些经济泡沫的破碎，让日本的经济陷入长达十几年的停滞之中，房地产价格更是连续14年出现下跌。这对于当时在世界市场上风头正劲的日本来说，无疑是一次致命打击。

而最早的经济危机则发生在1929年，从1929年9月开始到1932年夏天，道琼斯工业指数从381点跌至36点，缩水了90%。而随着股票市场危机的发生，全球金融市场也变得动荡不安，金融系统的全面崩溃使得企业融资成本大幅上升。企业难以获得贷款，经营便会陷入困难之中，最终只能面临倒闭的厄运。

随着股票市场危机逐渐蔓延到实体经济领域，世界经济的发展进入到大萧条时期。经济危机的加重滋生了各种各样的社会问题，社会的动荡不安更使得国际政治局势变得异常紧张。在矛盾和问题不断积累之后，世界大战的爆发给全世界的人民带来了沉重灾难。

从历史上看，股票市场的动荡将会带来全球经济的动荡，而美国股票市场则是世界经济动荡的根源之所在。作为世界经济的霸主，拥有着最为完善的股票市场，这也使得美国的一举一动都会对世界造成重要影响。这已经不是用"蝴蝶扇一下翅膀"就能解释的问题了，美国股票市场就像一个威力巨大的核弹开关，而这个开关始终牢牢紧握在美国手中。

| 第四章 |
全球股市与资本运作

在美国上市的企业是爱国还是卖国

北京时间2014年9月24日,阿里巴巴集团正式在纽约交易所挂牌交易。其当天便大幅上涨38.07%,收于93.89美元,市值为2314亿美元,成为全球仅次于谷歌的第二大互联网公司。马云也超越王健林而成为中国的新首富,同时也造就了一批千万富翁。

阿里巴巴的上市,不仅为马云赚到了钱,更多的是让投资者赚得盆满钵满。日本软银集团董事长孙正义就凭借着阿里巴巴的上市而成为日本首富。除了关注赚钱之外,更多人还很关注阿里巴巴上市地点的选择,为什么选择美国上市而不是中国上市,或者是在中国香港地区上市呢?去美国上市不是帮助美国创造财富去了吗?

其实,不仅阿里巴巴集团选择在美国上市,京东集团、搜狐、网易都选择了在美国上市,难道这些公司全都不知道爱国吗?相较于这些公司,腾讯公司选择在香港上市,华为公司没有选择上市,就是因为爱国吗?

在解答这一问题之前,我们首先应当把"爱国"这个概念弄懂,然后再去了解这些公司上市背后的原因。

从官方给出的概念解释来看,爱国是公民必有的道德情操,是中华民族最重要的传统,同时也是社会核心价值观最主要的部分。爱国体现了人民对国家的深厚情感,反映了个人对祖国的依存关系,同时也是人民对自己的故土家园、民族和文化的归属感、认同感、尊严感和荣誉感的统一。

爱国是一种精神,所以我们没有办法将其具象化到每一个动作之中。就好像这些在美国上市的企业一样,它们是爱国还是卖国,从这种行为上完全没有办法看出来。就像抵制外国商品这种行为一样,我们不能确切地

说这种行为是爱国,而打砸进口车的行为就更是如此了,那些口口声声喊着爱国的人,却在从事着侵犯同胞财产的行为。所以说在谈论爱国的时候,我们不能仅从行为的角度去考虑这个问题。

在商业市场上也是如此,追逐利益是每一个商业主体的特征,所以为了追求更高的利益选择去国外市场上市的这种行为并不能说是错误的。当然,利益没有国界,企业却是有国界的,一个企业确实应当肩负起对于国家的责任和义务。但如果选择在国外上市的行为从根本上并没有违背企业对于国家的责任与义务,同时也没有侵害国家的利益时,其就是正常的,并不存在爱国与卖国的区别。

我们的谈论似乎有些偏离主题了,那么,在解释了爱国这个概念之后,我们就来了解一下为什么这些企业纷纷选择在美国上市,而不选择在本国上市呢?首先要说明的一点是,这种现象并不只是发生在中国企业身上,世界上绝大多数国家的企业在考虑上市地点的时候都会首先将美国列为一个待选目标。

企业选择在美国上市的原因有很多,第一点内容我们已经在前面的章节中提到过,那就是美国的股票市场是全球最为完善、发展最好的股票市场,那里拥有着充足的资本、极大的市场流通量以及完善的股票市场监管制度和透明度。这些因素对于一个企业的发展具有至关重要的意义,所以美国股票市场对于想要走上国际化道路的企业来说具有极大吸引力。

充足的资金来源可以保证企业的资金链安全。美国的资本市场上汇集了全世界的资金,所以对于一个优质企业来说,这里的融资机会和融资空间是相当大的。又由于美国的资本市场处于完全的市场化之中,所以只要企业能够保持良好的发展业绩,那么它的融资规模和融资次数就不会受到限制。这对于需要大量资金流量来保障自身发展的企业来说是十分重要的。

第四章
全球股市与资本运作

对于成长型企业来说，美国的股票市场还将为其提供更大的市值成长空间。对于那些大型的具有成长性的企业来说，选择美国市场意味着未来市值的成长。也正是因为这一点，大多数成长型企业都会选择在美国股市上市，尤其是纳斯达克市场，京东就是其中的代表。

由于具有充足的资金以及健全的法律制度保障，使得美国股票市场成为世界上最大，同时也是流通性最强的市场。其他国家股票市场的交易总额只相当于美国个别蓝筹股的平均交易额，由此也可以看出美国市场容量之大。

在美国股票市场，不同于国内股市，散户起到的作用并不大，股票市场的主体多为以基金为主投资内容的投资者。所以从这一角度来说，选择在美国上市的企业将会获得一批相对，并且具有投资经验的股东，这样也能够保证企业市值的稳定性。

而从上市准备和费用来看，美国股票市场也是占据优势的。与内地股票市场和香港地区股市相比，到美国上市的费用相对较低，其对于企业上市的标准也相对较低。如果选择通过借壳上市的方式在美国国家级市场挂牌，最长只需要6个月时间便可以完成整个操作流程，具有较高的速度和效率。

规则透明是美国股票市场的一个鲜明特征。作为世界上最早出现的股票市场，经过了漫长的发展历程，美国股票市场逐渐建立起完善严格的管理体系。作为自由化市场，透明的规则对于任何企业都具有同样的约束力，无论是大型企业还是刚刚入场的新兴企业，都将会在这种透明的规则下同场竞技。最终要竞争的还是企业的硬实力，潜规则现象出现的概率是极低的。

更多时候，美国股票市场的这些优势都是相对而言的，将全世界的股票市场放在同一个台面上进行对比，那么可以说，美国的股票市场无疑是当今最为完善的一个。作为追逐商业利益的企业，在进行上市选择时，当然会选择一个对自己的发展最有利的方向，而这个方向很多时候都将会指向美国股票市场。

当然，在进行上市选择时，大多数企业还是会根据自己的发展目标和经营现状做出合理的判断。美国股票市场是一望无际的汪洋大海，虽然埋藏着无数珍宝，但同时也隐藏着随时而至的惊涛骇浪。如果一艘小船盲目驶入大海之中，很多时候不仅找不到宝藏，还可能会被巨浪掀翻、击沉。所以对于企业来说，在上市地点的选择上，还是需要从自身的实际发展情况出发，做出正确的决策。

最后，我们再回到爱国的问题上来，国内的优质企业去美国上市，对于中国的资本市场来说确实算是一件伤心事，但很多时候却又是中国资本市场不得不面对的现实。随着中国经济的飞速发展，中国的资本市场也呈现出繁荣发展的景象，但与发达国家的资本市场相比，中国的资本市场还存在不少问题。只有逐步解决了这些问题之后，中国的资本市场才能够成为优质企业的"归宿"。

这条发展的道路是漫长的，但却并非不可完成。随着中国经济实力的不断增强，市场经济也将越发完善，最终将带动中国的资本市场进入到一个新的发展阶段。

到开曼群岛注册公司仅仅是因为避税吗？

开曼群岛是英国在美洲西加勒比群岛的一块海外属地，由大开曼、小开曼和开曼布拉克3个岛屿组成。开曼群岛是世界著名的潜水胜地和旅游

第四章
全球股市与资本运作

度假胜地，但真正让其声名远播的是其作为"避税天堂"和世界第四大离岸金融中心的地位。

大多数人可能对开曼群岛并不了解，但对于开曼群岛这个名称却并不会感到陌生，因为在许多大型企业的信息中都会看到开曼群岛的字样。正如前面所说，除了作为潜水胜地外，开曼群岛还是世界第四大离岸金融中心，在这里注册的公司也被称为离岸公司。

"离岸"的含义是指投资人的公司注册在离岸管辖区，但投资人并不需要亲自去当地，其业务运作可以在世界各地的任何地方直接展开。而"离岸公司"则是指那些在离岸法区内依据其离岸公司规范成立的有限责任公司或者股份有限公司。

对于离岸公司，当地政府不会征收任何税收，只会收取少量的年度管理费用，而所有的国际大银行都会承认这类公司，为其设立银行账号及财务运作提供方便。这也就意味着，离岸公司不需要在注册地进行实质性业务，同时也不必向当地政府缴纳个人所得税、公司所得税、资本利得税和不动产税等税收，这也让大多数公司能够以此来达到避税的目的。

开曼群岛的面积只有不到260平方公里，但却汇集了数量惊人的国外注册公司。全世界最大的25家银行都在开曼群岛设立有子公司或是分支机构，其岛内的金融和信托业的总资产已经超过2500亿美元。但实际上，却少有几个公司在这里设置办公区域，更多的只是在岛上拥有一个邮箱地址，用来保管注册文件而已。

美国的可口可乐、宝洁、英特尔等公司，中国的阿里巴巴、百度、腾讯，许多企业都在开曼群岛注册了公司。这些国际国内巨头企业在开曼群岛注册公司只是为了避税吗？答案当然没有这么简单，除了避税功能之外，在开曼群岛上还隐藏着许许多多秘密。

在开曼群岛注册公司的流程非常简单，只要年满18周岁，准备好相应的注册资料和一定的注册资金就可以注册成立一家有限公司，公司不需要在当地开展实质性的业务，只需要缴纳少量的年度管理费即可。

而且开曼对于股东资料的信息保密程度极高，公司有关股东及董事的资料是保密的，不需要向公众透露。再加上宽松的法律环境使得上市公司自身的安全得到保障，同时也减少了各种风险因素的发生，更不用担心泄露相关机密信息了。

另外，开曼群岛没有外汇限制和税收中立的法规，这样便可以让企业在进行国际交易的时候，资金的流动更加灵活。同时再开曼群岛还拥有完善的金融服务法庭、律师和会计师等基础设施配套，很多世界知名的律师事务所都在开曼群岛设置有专门的办公室。在出现贸易纠纷时，专业的律师能够在第一时间对纠纷进行处理，从而保证交易的顺利进行。

除了以上这些因素之外，在开曼群岛注册公司最大的优势就是能够帮助企业对外融资和海外上市。简单来说，如果企业想要引进外资或者去海外上市，可以通过在开曼群岛注册的境外公司，对境内的公司进行100%股权的收购，然后再将在开曼注册的公司提交中国香港地区或者是美国来完成上市过程，从而获得海外融资。

我们知道，在中国，政府对于互联网、教育和传媒等领域有外资引进的限制。拿腾讯和阿里巴巴来说，作为中国互联网企业的领军者，它们都在开曼群岛拥有注册公司，但如果单纯将这种行为理解为避税的话，那就太过小看这两家巨头企业的实力了。

腾讯和阿里巴巴在发展的初期都曾遇到过资金短缺的问题，在最困难的时候马化腾甚至想到过卖掉QQ，资金问题对于当时的互联网企业来说都是必须要面对的问题。从现在来看，那些熬过了融资危机的企业都已经发

第四章
全球股市与资本运作

展成为国内的顶尖企业。而且中国互联网行业在创立初期并没有一个明确的盈利模式，以至于很多服务对外都是免费的，这便让企业由于收入少于支出而陷入经营困难之中。

这时，融资便成为救活互联网企业的救命稻草，阿里巴巴如此，京东也是如此。但由于当时中国的经济发展还处于一个较低水平，互联网行业又是一个新兴行业，所以许多互联网公司在融资方面都遇到了困难。所以，想要获得资金就需要去海外、去国际上融资，可一旦进行海外融资，国内的企业就很容易变成外资企业。国家政策又不允许外资企业进入相关行业，所以一些互联网企业只得利用建立离岸公司的方式来完成海外上市过程。

这里我们需要首先了解一个概念——VIE结构，其在国内又被称为"协议控制"，是指境外注册的上市公司实体与境内的业务运营实体相分离，境外的上市实体通过协议的方式控制境内的业务实体。

最初采用这种结构的中国公司大多是互联网企业，由于接受境外融资导致境外资本占总资本比例过高，但国内的很多牌照只能由内资公司持有，所以为了正常在国内开展业务，互联网公司便将自己的业务进行拆分。即由内地自然人控股的内资公司持有经营牌照，同时接受国家监管，而让离岸公司作为开展海外业务的公司进行单独上市。随后，这些公司通过协议控制等方式完成海外上市。

这样一来，外资所投资的是开曼群岛上的离岸公司，而国内的公司仍然是内资公司，依然具备持有经营牌照的资格。使用这种方式进行融资促进了中国互联网行业的繁荣，所以监管部门也采取了默许的态度。

正如阿里巴巴集团一样，虽然接受了大量的外资注入，但实际上阿里巴巴的实际控制权还是掌握在马云手中。为了能够进一步与外来资本撇清关系，国家进一步加强了对于金融、内容以及安全领域的监管。许多企业虽然在海外上市，但涉及金融等方面的业务板块依然由中国资本控制。阿里巴巴虽然赴美上了市，但其上市的主体是阿里巴巴，而并不包括蚂蚁金服及其旗下的支付宝。

虽然这种模式并没有得到国家监管部门的书面认可，但是从中国互联网行业的发展角度来看，其确实起到了积极的作用。既能够让需要资金的互联网公司更好地融资，同时也有利于这些互联网企业走出去发展国际化业务，最主要的是这些互联网公司所开展的业务同时还处在国家监管的范围之中。所以，在开曼群岛注册公司对于中国的大多数企业来说，避税显然不是主要目的，进行海外融资和发展国际化业务才是它们的核心诉求。

全球资本市场以谁为风向标

资本市场是没有硝烟的战场，在这里你看到的只是当时的宁静安逸，却没有发现很快这里就将硝烟弥漫、血流成河。资本市场是疯狂的，进入其中的人都会为之疯狂，但最后能够存活下来的只有那个最强壮的人。资本市场很容易给人一种幻觉，让人认为这里是一个躺着也能挣到钱的地方，但实际上它更像一个黑洞，不仅吞噬了投资者手中的钱，同时也会吞噬那些盲目入场的投资者们。

当今时代的资本市场似乎温和多了，没有原来意义上的凶狠、残暴，但实际上资本市场的性质始终没有改变。在全球资本市场之中，美国无疑是遥遥领先的那一个，紧随其后的除了世界第二大经济体外，日本、欧盟等依次排开。

随着经济全球化进程的加快，原本互不关联的资本市场开始形成一个

第四章
全球股市与资本运作

完整的整体。虽然在近几年，全球资本市场刚刚走出经济危机的阴影，但市场上的资本运作还是十分频繁的。说了这么多，究竟什么是资本市场，它和金融市场之间又有着哪些区别？在讨论今天的主题之前，我们先来认识一下这个问题。

资本市场又被称为长期资金市场，是金融市场的重要组成部分，与货币市场一同构成了金融市场。资本市场一般是指由期限在1年以上的各种融资活动所组成的市场，其中涉及资金的期限长、风险大，并且具有长期稳定的收入的金融活动常被称为资本市场。

在这里，资本并不单单指我们手中的钱，它既可以是金钱也可以是一种实物财产。我们开的汽车、穿的衣服等都可以算作是资本。而从经济学的角度讲，资本则指的是基本的生产要素，包括资金、设备和物质资料等。

资本市场作为一种市场形态，主要由卖方和买方构成，交易的空间往往是不固定的。在证券市场上，上市公司主要以股权作为交易换取投资者的资本，从而完成融资活动，投资者则可以依靠手中的股权获得分红和溢价的收益。

在银行信贷市场，银行作为资本的提供方，需要资本的个人或企业可以通过各种形式获得银行的资金贷款，随后需要在约定的期限之内以连本带息的方式将资金归还给银行。

资本市场在一个国家的经济生活中占有重要的地位，如果一个国家的资本市场在构建和发展上不够完善，那么在其后的经济发展过程中就一定会引发出各种各样的危机，最终阻碍经济正常稳定的发展。

从整个世界范围来看，美国的资本市场发展得最为成熟，了解美国资本市场的发展对于认识世界资本市场、发展本国资本市场来说具有非常重要的意义。

美国的资本市场主要由债券市场、证券市场和抵押信贷市场三大门类组成，为了能够更好地服务美国的各个阶层，在这三大门类之下又规划出了许多不同的内容，可以说将资本市场的作用发挥到了极致。

在债券市场之中，又主要分为联邦政府债券市场、联邦政府机构债券市场、州及地方政府债券市场、公司债务市场和扬基债券市场。

联邦政府债券主要是美国政府为了各种财政需要而发行的中长期，分为可转让债券和不可转让债券两种类型，比例是1∶2。

联邦政府机构债券则包括联邦政府所属机构及政府资助企业发行的债券。这些债券发行的主要目的就是保证政府职能的有效执行。

州及地方政府债券又被称为市政债券，主要由州及地方各级行政当局发行，主要也是为了财政融资，确保政府的顺利运行。市政债券又可以分为一般债务债券、收益券和转手券三种。市政债券由于可以免缴所得税，所以又被称为免税债券。

而公司债券则是实体公司为了长期筹措资金而发行的一种债券，期限一般在5到30年。

扬基债券作为一种比较特殊的债券，主要是指美国以外的政府、商业机构等在美国债券市场上发行的债券，采用美元计价。

除了债券市场外，证券市场也是美国资本市场的重要组成部分。证券市场一般是指股票市场，美国的证券市场出现在独立战争时期，在两次工业革命后获得了较大的发展。随着美国政府加强对证券市场的立法监管和控制，美国的证券市场进入到了一个规范发展的阶段，最终成长为全世界最大的证券交易市场。

美国股票市场由初级市场和次级市场组成。初级市场又被称为一级市场、发行市场，主要由发行公司和投资银行组成。发行公司通过发行股票

第四章
全球股市与资本运作

筹集资本，投资银行则帮助发行公司推销其股票，使之能够及时获得资本而扩大经营。

次级市场又被称为二级市场，是指股票流通市场。当股票于初级市场发行之后，就可以在次级市场上自由进行买卖交易了。由于供求、利率等各方面的影响，在次级市场上的股票价格是不固定的。

而股票流通市场又分为集中交易市场和分散交易市场两种，前者是指证券交易所，后者则是指场外市场和第三、第四市场。

第三市场是指虽然在证券交易所挂牌上市，但却在场外进行交易的股票，主要是由非交易所会员经济人在交易所外从事挂牌股票买卖活动。而第四市场则是指各机构投资者之间能够直接进行股票买卖的市场。由于股票交易活动越来越频繁，为了降低交易成本、节省佣金，机构投资者就开始利用自己的分支机构直接进行股票交易，从而形成了第四市场。

在美国资本市场之中，银行和各抵押机构也承担着一定的资本运作责任。抵押信贷市场主要以不动产抵押为基本模式，金融机构按照抵押物来评估其价值，从而支付一定数目的资本给抵押者。按照抵押者身份的不同，可以将抵押信贷市场分为居民抵押贷款和非居民抵押贷款。

可以看出，在债券市场、证券市场和抵押信贷市场的大框架下，美国的资本市场划分得十分完善，可以说美国的资本市场已经涵盖到了整个美国社会，这对于其他国家发展资本市场具有很好的借鉴作用。

结构体系固然重要，而有一套严格且完善的法律法规更是保障资本市场稳定的一个基础。中国的资本市场还处于初级阶段，各方面的结构体系还没有搭建完成，更是缺少一个强有力的法律法规制度来维护资本市场的公平正义。在这方面，美国的资本市场发展历程值得我们去学习和借鉴。

暴利的军火和毒品交易

如果说不考虑其他因素的话，投资什么利润最高？对于这个开放的问题，投资股票或是投资房地产显然都不能算在正确答案之中。如果有人说石油的话，这倒是一个事实，作为重要的战略能源，在现阶段，石油对于许多国家的经济发展都是至关重要的。但在这里，还有几种在利润上可以与石油相提并论的物品，那就是军火、毒品。

我们先不讨论这些物品在法律上是否被允许交易这个问题，至少在当前，这些物品的交易是存在。这些物品在全球资本的运作过程中也扮演着重要角色，所以在这一节中，我们主要从全球资本运作的角度去看待和分析这些物品交易问题。

按照美国政府的解释，军火主要包括新的、旧的或整修过的杀伤性常规武器，也包括能够同时装载常规和化学原子弹药的武器，以及非杀伤性的军事支持设备。同时，还包括军事训练、军火生产或装配设施、军事基地或防御建筑。

军火贸易作为一种特殊的商品贸易，并不通过一般的国际贸易自由市场进行，因为军火贸易的买主大多是各国政府，所以常常由特殊渠道进行。在20世纪60年代，军火转让主要是由美国以提供军事援助的方式进行的，而到了70年代，随着经济因素的增加，军火转让开始在贸易的基础之上进行，至此，大量的军火开始进入国际商品流通领域。

军火交易之所以能够创造出巨大的利润，主要在于其交易模式的独特性。举个例子，如果台湾向美国购买一台战机，首先需要付出的是这台战机的价格，这个价格可能动辄就是几亿美元。但到这里，这个交易其实并

第四章
全球股市与资本运作

没有结束,战机的后勤保养和定期维修的费用同样是台湾需要支付的费用。相对于购买战机的一次性固定价格,这笔费用需要台湾周期性地持续支付下去。

最后的结果是用于后期维护的费用将会远远超过这台战机的原有价格,使用的时间越长支出的费用就越高。可能有人会说,直接购买这种维修技术就能够解决这一问题了,但换位思考一下,如果这么大的利益摆在你的面前,你会白白浪费掉么?这笔巨额的费用是逃不掉的,不仅逃不掉,有时候购买方还需要支付另外一笔费用。如果购买的是新式战机,或者购买国不具备操作这种战机的飞行员,那么提前去出售国进行培训同样需要支付一笔费用。相对于修理费用来说,这笔费用是更加不能节省的,毕竟如果买回的战机没有人能够驾驶,那就只能成为一个展览品。

如果再算上战机的操作系统和武器弹药的更新换代,那么购买一架战机所需要付出的费用就远远不止原来的几亿美元了。这时候,与购买一架战机相比,购买多架战机就显得更加合算了。但是,这里又有一个问题存在,军火这种东西是买方想买,卖方就一定会卖的吗?

现如今,军火贸易在政治领域起到的作用甚至要超过经济领域,军火贸易往往集中在几个具有同盟关系或者是共同利益的国家之间。而中国想要从美国方面购买到军火,即使利润溢价再高,美国也不会卖。

军火的流通与其他商品流通存在着很大的不同,它并不像其他商品那样能够用于生产消费,更多的时候是作为一种战略储备,在战争发生时用于战争,而和平时期则主要起到一种震慑性作用。军火贸易并不能仅仅用常用的市场交易思路去理解,这里面还存在着许多诸如政治方面的因素,正是这些不同的因素促使军火贸易相对于其他商品贸易来说更能获得巨额利润。

这也就决定了军火贸易不仅能够带来巨大的经济利益，同时还可以作为一种国家与国家之间间接斗争的手段。军火销售商通过国家的特殊关系能够获得巨额的垄断利益，同时还能够使军火的生产国降低生产成本，保障本国军工产业的稳定发展。

很多时候，即使是全球经济陷入低迷阶段时，世界军火贸易的需求量也不会减少，反而还会出现需求增多的情况。一国对外购买军火武器，必然会引起周边国家的高度警惕。出于一种军备竞赛的心理，周边国家往往也会跟风购买。

相较于军火交易，虽然毒品交易的利润同样很高，但毕竟是一种上不了台面的交易，其中的政治因素也就不那么强烈了。看过美剧《绝命毒师》的人可能会被其中的戏剧化表现所诱导，认为毒品交易可以通过个人完成，是一个"上手容易的买卖"。但实际上，毒品交易远没有戏剧电影之中展现得那么简单。但从其中的制毒过程却可以看出，毒品的研发制作并不需要付出太多的成本，相反，其中的销售利润却是十分巨大的。

自从20世纪80年代末开始，墨西哥取代哥伦比亚而成为美国最重要的毒品来源国。在美国市场之中，90%以上的可卡因、冰毒和大麻都来自于墨西哥，而如果从全部品类来看，美国市场中也有超过七成以上的毒品来自于墨西哥。这样算来，每年美国和墨西哥之间的毒品交易额约为190亿到290亿美元。

在很长一段时间，毒品贸易都是墨西哥经济的重要支柱。大约有超过500座墨西哥城市参与到毒品贸易之中，直接从业人员已超过45万，而且还有超过320万人的职业与毒品贸易有着间接关联。

从全世界范围来看，自2015年以来，制毒贩毒现象便不断增加，一些

第四章
全球股市与资本运作

毒品市场更是开始蓬勃发展。在北美洲和欧洲这两个最大的市场中，可卡因的消费也在不断增长，美国普通人群和工作人口的可卡因吸毒流行率都有所增长，而欧洲在2011~2016年的可卡因消费大约增长了30%。

另外，在美国大多数管辖区都允许获取医用大麻，而同时有九个州允许种植大麻供娱乐使用。在2016年，美国又有四个州的选民倡议允许娱乐用大麻合法化。而除了哥伦比亚特区外，剩下的管辖区甚至可为盈利公司颁发生产及销售一系列医用和非医用大麻产品的许可证。

从上面所罗列的信息可以看出，近几年来，毒品贸易的市场不断扩大，甚至有些国家的一些地区开始允许单一的毒品类产品生产，这在很大程度上助长了毒品贸易的发展。毒品贸易大多掌握在犯罪集团或者恐怖组织手中，他们利用毒品从全球范围内巨额敛财，造成了极其恶劣的影响。

由于毒品贸易在全球范围内被广泛传播，使得其在治理上存在着一定难度。大的贩毒集团在资金和军事实力上甚至要超过一般国家，在一些贫穷国家中，毒品贸易成为支撑其经济发展的一部分，这也为治理毒品贸易制造了一定困难。

贩毒集团通常会通过资本运作的手段将贩毒所得到的资金"洗白"，这对于资本市场的正常发展是十分有害的，虽然世界各国都在打击这种行为并已经取得了一定效果，但仍远远不够。

军火贸易和毒品贸易作为两种较为特殊的商品贸易，其在全球资本运作之中扮演着重要的角色。这两种贸易同时兼具暴利性和危害性特点，是世界资本市场中不能忽视，也需要严格管制的贸易行为。一旦这两种贸易的范围继续扩大，将会影响到世界经济的正常发展。

粮食将成为霸权国家的新武器？

在大多数人眼中，粮食似乎与经济沾不上太大关系，唯一可能有牵连的地方就是哪里的大米打折促销了，哪里的大米就要涨价了。所以，很多时候，人们在研究世界经济时会忽视掉由粮食带来的一系列经济问题。在物物交换时代，粮食是重要的交换工具，即使到了现在，作为一种商品，粮食在国际经济贸易中依然发挥着重要作用。

粮食危机对于现在的中国人来说可能有些遥远，改革开放之后，中国经济开始迅速发展，粮食产量也开始不断增加，但在世界上的其他地方却依然有很多国家面临着严峻的粮食危机问题。有数据显示，在过去至少曾有超过40个国家面临着不同程度的饥荒，而在世界范围内则至少存在着10亿左右的饥饿人口。即使是到了现在，这种情况也并没有得到好的改观。

中国拥有将近14亿人口，耕地面积为18亿亩，约合130万平方公里，而世界耕地总面积将近1730万平方公里。这样算来，这么多耕地产出的粮食养活全球60亿人口是绰绰有余的，那为什么还有国家会陷入粮食危机之中呢？

如果从理论上来看的话，当今世界的耕地可以供养超过200亿人口，但在各种现实环境的影响下，我们便不能单纯从理论的角度去看待这一问题了。德国经济类作家威廉·恩道尔曾经写过一本名为《粮食危机》的书，其中他的一个重要观点就是：霸权国家将粮食作为控制世界的武器，他们通过操纵国际粮食供给和国际粮价最终实现了控制整个世界的目的。

当然，在这里我们并不是要去解读恩道尔先生的这个观点，但至少在这个观点中我们可以找到一些有关粮食危机出现的蛛丝马迹。没错，那就

第四章
全球股市与资本运作

是国际粮食的供给和国际粮价。整个世界的粮食是充足的，但这并不代表其在整个世界的分配是公平的，很多时候人口众多的国家的粮食依然充足，而人口稀少的国家粮食却供应不上。

如果粮食都集中在某一个国家手中，那么这个国家是否可以将粮食紧紧攥在自己的手中而让别人饿肚子呢？当然可以，买卖双方的贸易是自由的，一方要买，也要另一方肯卖才行。如果一方执意不卖，买方也没有什么办法。就像中东地区的石油一样，粮食也是国际市场中的"抢手货"。

在新闻中我们经常会听到联合国对某个国家进行经济制裁，美国和欧盟对哪个国家进行经济制裁，而在这些经济制裁中，粮食禁运就是一项重要措施。

早在美苏冷战时期，苏联武装入侵阿富汗，以美国为首的西方发达国家便对苏联进行了经济制裁，这时的经济制裁主要是围绕粮食禁运和限制高技术及设备向苏联出口而进行的。在1980年，美国率先宣布对苏联实行谷物禁运，同时决定不予交付根据1976年谷物贸易协定原本应向苏联出售的1700万吨粮食。而后，欧共体和加拿大也纷纷加入了禁运队伍。

按照计划，苏联如果得不到粮食进口，在1980年便会出现2000万吨的粮食缺口，这将对苏联造成十分严重的影响。为了缓解粮食短缺的问题，苏联只得高价向拉美和东欧国家购买粮食，虽然这样付出的代价较高，但至少没有造成严重的粮食问题。

从这里可以看出，粮食确实可以成为武器，虽然其效果并没有石油那样显著，但对于大国间的博弈来说也是一个至关重要的砝码。

近些年来，观察俄罗斯的经济发展就会发现，普京政府对于俄罗斯的农业发展给予了高度重视。虽然俄罗斯本来就拥有丰富的土地，粮食种植也比较多，但普京政府仍然大力发展农业。同时，俄罗斯还向130个国家和地区出口粮食，在 2015 年，俄罗斯的粮食和食品出口盈利达 200 多亿美元，远高于其武器出口的创汇额。

从 2015 年 7 月 1 日到 2016 年 6 月 30 日的农业年，俄罗斯粮食出口达 3500 吨，小麦则超过 2450 万吨。小麦出口首次超过美国 350 万吨，超过第二大粮食出口国加拿大 200 万吨。同时，美国和加拿大的农产品出口量也创下 44 年来的最低。从市场形势来看，俄罗斯的这一发展势头还将会继续下去。

而再来看中国，自 2010 年以来，中国三大主粮总产量从 4.25 亿吨提升到了 5.01 亿吨，增产 17.7%，玉米的增产幅度最高时达到了 33.1%，小麦则达到 16.3%，稻谷的产量增长则为 4.79%。

与此同时，中国三大主粮的消费量则从 4.53 亿吨上涨到了 4.74 亿吨，小幅上涨了 4.63%，比供给上涨幅度低 15.2 个百分点。玉米消费量上涨了 13.76%，比供给上涨幅度低 21.5 个百分点；稻谷仅上涨 0.22%，小麦甚至下降了 1.8%。

虽然近几年中国的粮食产量出现了大幅增长，但玉米、稻谷阶段性过剩特征明显，小麦优质品种供给不足、大豆产需缺口巨大都是中国的粮食生产所面临的重要问题。

粮食净进口依存反映的粮食安全程度是：5% 以下是安全状态，5%~13% 是基本安全状态，13%~18% 是不安全状态，18% 以上为危机状态。中国作为粮食净进口国，国内主粮的自给率可以达到大约 95%，剩下 5% 基本可以看作是处于安全状态之中，但从近几年的发展形势来看，未来中国的粮食进口依存度仍然会呈现上升趋势。所以，虽然现在看来中国的粮食安全并没有问题，但实际上还是存在着诸多隐患的。

作为粮食净进口国的中国自然没有办法将粮食作为武器，但是对于全

第四章
全球股市与资本运作

球粮食出口大国来说，将粮食作为武器就十分正常了。当然，正如将石油作为武器一样，仅仅是产量高并没有用。澳大利亚、新西兰和加拿大都是粮食出口国，但在国际粮食市场上他们很难将粮食作为武器使用，因为在他们头上还有一个世界第一大粮食出口国存在。

美国不仅是世界第一大粮食出口国，同时也是世界最大的粮食产地，同时作为世界上最具影响力的国家，美国自然成了唯一一个能够将粮食作为武器的国家。正如前面提到的那样，美国将粮食作为武器主要是依靠控制粮价和粮食政策。

由于美国的粮食生产可以获得政府的高额补贴，所以从成本上算下来美国的粮食要比其他国家低很多。这样随着粮食自由贸易的推行，美国的粮食开始以较低的价格进入其他国家的市场之中，从而抢占了别国的粮食市场。

如果我们将上面这件事和前面讲到的管仲针对鲁国发起的"货币战争"放到一起的话，就可能会出现一个十分可怕的结果。别国市场中的粮食由于缺乏竞争力而出现滞销，所以农民纷纷改种其他作物，这样几年后该国的粮食产量将会大减，如果这时其他国家的粮食再退出这个国家，那么这个国家就会因为粮食短缺而陷入到危机之中。

当然，在现代社会这种情况出现的可能性并不高，各个国家的政府都明白粮食在国民经济发展中的重要性，也都纷纷在粮食安全方面进行了充分的准备。所以，想要将粮食作为武器来使用，要取得预想的效果并不容易。

虽然现在"粮食战争"还无法实现，但我们不能保证在未来不会出现"粮食危机"问题，所以说，提早准备，做到有备无患，是最为有效的办法。通过科学技术提高本国的粮食生产能力以及对粮食产业的控制能力，是每一个国家都需要认真对待的事情。

风靡全球的比特币

近几年来,数字货币呈现出一种繁荣发展的趋势,互联网逐渐成为人类生活的关系网,网络支付也逐渐走入人们的生活,这些现象都为数字货币的发展提供了助力。而以比特币为首的数字货币,更是在全球掀起了一阵"挖矿"风暴,在这场"挖矿"风暴的背后蕴含着的是资本形式及其运作方式的变革。

一个名叫中本聪的人在2009年提出了比特币的概念。与大多数货币不同,比特币并不依靠特定的货币机构发行,而是依据特定的算法,通过大量计算产生。在比特币经济之中,整个P2P网络中众多节点构成的分布式数据库会确认并记录所有的交易行为,并且使用密码学的设计来保障货币各个流通环节的安全性。

P2P的去中心化特性和算法可以确保无法通过大量制造比特币来对币值进行人为操控,而基于密码学的设计又使得比特币具有极好的交易的匿名性。与其他虚拟货币不同,比特币的总数量是非常有限的,正是这一原因导致了其具有极强的稀缺性。

比特币还可以用于兑现,它可以兑换成大多数国家的货币,而使用者不仅可以用它来购买一些网络中的虚拟物品,同时还可以使用比特币购买现实生活中的物品。从这方面来看,比特币似乎同我们现实生活中使用的货币并没有什么区别,只是缺少了一个"名分"而已,而比特币在近年的发展也似乎证明了这一点。

在2017年,比特币迎来了爆发,相较于前几年的稳中求进,2017年的比特币进入到一个狂欢阶段。从2016年末的990美元一跃飙升到了

第四章
全球股市与资本运作

19900美元，价格上涨了20倍之多，虽然在2017年末有所下跌，但依然维持在14000美元。随着比特币的暴涨，其他电子货币也疯狂上涨，一时间数字货币充斥于市场之中。

伴随价格一同上涨的是对于比特币的质疑之声。素有"里根经济学之父"之称的大卫·斯托克曼认为，加密货币的投资热潮最终将会以灾难性的方式结束。他说："这基本上是一群愚蠢的投机者，他们让自己相信树木会长到天上。这将在一场壮观的崩盘中燃烧殆尽。所有这些后来的投机者的手都将烧成焦炭，那时他们才能得到正确的教训。我的意思是它可能从现在的价格上涨两倍，也可能跌至零。但重点是，这不是真实的货币，因为用于交易的真实货币必须是稳定的。"

著名投资人、知名经济学家丹尼斯·加特曼认为比特币是一个十分愚蠢的概念，投资者对于它的疯狂让17世纪荷兰的郁金香热潮相形见绌——400年前，郁金香的价格达到惊人的高度后，最终开始大幅度下跌。比特币不仅会摧毁所有与之相关的一切，同时还会让流入比特币的资金再次流回到黄金上。

丹尼斯·加特曼所说的17世纪荷兰的郁金香热潮是一个轰动一时的故事。在17世纪的荷兰，郁金香受到人们的广泛喜爱，富人们竞相购买，以此作为身份和地位的象征。因为当时郁金香是珍稀品种，所以非常值钱，随着郁金香价格的不断走高，越来越多的人加入了炒作郁金香的行列。

从这时开始，人们购买郁金香已经不再是为了其内在价值和观赏性，而是希望它的价格能够无限上涨，然后从中获取利益。到了1635年，一个品种的郁金香已经卖到了单株1615弗罗林（荷兰货币单位），而此时的荷兰，4头公牛的价格只需要480弗罗林。到了第二年，郁金香的价格依然在不断上涨，一株稀有品种的郁金香甚至卖到了4600弗罗林。

所有的泡沫都会破碎,有一天,人们发现如此价格昂贵的郁金香似乎并没有什么实质性用处。一时间,郁金香的价格开始疯狂暴跌。随着郁金香价格的崩溃,成千上万的人因此而倾家荡产。

关于比特币,还有一点重要内容,我们知道,其他作为货币的工具是可以继续制造的,但是比特币却不同,它的总量在设计之时就是有限的。在比特币的网络节点上,每成功竞得一个区块便可以获得 50 枚新发比特币奖励。而从 2009 年创世区块开始,这种奖励每隔 21 万个区块便会减半,变成 25 个。而再过 21 万个区块,奖励额将会再度减半,变为 12.5 个。

21 万个区块从时间上来计算大概要 4 年,按照上面的规律来进行计算,虽然比特币在总量上是不断增加的,但实际上这个增量却是在不断减少的。而经过计算,最终可以确定比特币的供应上限大约在 2100 万枚。如果我们将这种奖励不断减半下去,持续不断对比特币进行挖掘,时间足够长的话,最终网络中所存有的比特币总供应量将会无限接近于 2100 万枚,但绝对不会超过这一上限。

因为比特币需要在网络中不断挖掘,所以比特币的挖掘者往往被称为"矿工",用于挖掘比特币的设备则被称为"矿机"。从现在市场上人们对于比特币挖掘的热情来看,预计在 2040 年底前,比特币设计供应总量的 99.6% 将会被挖掘出来。这之后,比特币的存量将变得极少,比特币的挖掘将会异常艰难,这必然会让绝大多数"矿工"面临崩溃的局面。

按照上面的计算,从时间上来看,在 2140 年 10 月左右,每个区块对应比特币的奖励将会达到临界点。这时,比特币的挖掘也基本上迎来了终结时刻。

有一个重要的经济学原理告诉我们,任何供应量有限的货币最终都会引发通货紧缩,而通货紧缩往往会成为一个经济体系走向崩溃的开始。简

第四章
全球股市与资本运作

单解释就是,随着经济的发展,货币需求越来越多,而如果货币总量恒定不变,那么货币价值便会上升,人们便开始囤积货币。市场中流通的货币减少,商品价格便会不断降低,从而导致生产者生产积极性降低,最后引发整个社会发展的停滞不前,经济体系最终陷入崩溃的境地之中。

如果无法解决这一问题,比特币将会永远无法成为主流货币。但相反,在现阶段,比特币却是一种短期投机的最好选择。事实上,现在比特币确实成了众多资本投机的一个主要选择,比特币的泡沫也逐渐积累起来。

虽然有许多国家表态支持比特币的发展,但为了抑制泡沫过大可能会带来的危害,也有不少国家纷纷出台了应对措施。美国对于比特币平台的监管十分严格,其需要根据各个州的不同法律分别申请牌照后,才能在相应的地区开展业务。而俄罗斯则在2013年前后明确下达禁令,指出只有卢布才是俄罗斯的唯一合法货币。但在最近几年,比特币交易所又开始重新运营,俄罗斯政府对于比特币的政策似乎有所放宽。

比特币作为一种新兴的数字货币,吸引了全世界的广泛关注,越来越多的资本涌入比特币市场之中,这究竟对比特币的发展是好是坏还是一个未知数。而从经济学理论的角度来看,比特币并不具备发展为唯一合法货币的资格,但比特币真正的未来还有待于时间的检验。

第五章

全球房地产市场

楼市泡沫，所有国家都经历过的痛

在全球经济不景气的背景之下，房地产市场同样受到了打击。房子作为人们生活的必需品之一，本应成为一种价值稳定的商品，但实际上，房地产市场却给我们带来了无数的问题与麻烦。在一些国家，房地产问题甚至已经从单纯的经济问题演变成为了一种社会问题。

楼市泡沫是房地产市场的一个普遍现象，基本上在任何国家都发生过。楼市泡沫是指房地产价格高于实际应有的市场价的一种现象，从本质上来看，这种现象多是由于片面追求房地产的高利润而造成的。越来越多的资本涌入房地产市场之中，造成了房地产市场的繁荣，但这种繁荣却只是一种表面现象，其内在则是不断膨胀的房地产泡沫。

第五章
全球房地产市场

在经历了50多年房价的持续上涨之后，最近几年，澳大利亚的房地产市场似乎迎来了巨大的泡沫。目前，澳大利亚的住宅市场已经膨胀到7.3万亿澳元，约合5.6万亿美元，是其国内生产总值的四倍之多。相较于其他国家，澳大利亚的这一数值已经远远超过次贷危机时期的美国。不断升高的楼市杠杆，使得澳大利亚的房产价格越来越高，一旦货币政策收紧，那么将会产生十分严重的后果。

不仅是澳大利亚，世界上的其他国家也都经历过房地产市场的泡沫。想要了解现今房地产市场与全球经济发展之间的关系，我们可以从过去的数次房地产泡沫之中寻找答案。

世界上最早的可以考证的房地产泡沫发生于美国的佛罗里达州，从1923年开始的这场房地产投机行为引发了华尔街股市的大崩溃，从而导致了20世纪30年代的全球经济危机。

从19世纪末开始，美国的经济便开始呈现出一种跨越式发展态势。而进入到20世纪后，美国更是超越了英法等老牌国家。在第一次世界大战中，美国的经济更是取得了极大的发展。劳动生产率的提高、信用消费的形成都促使美国在20年代进入了一个经济超级繁荣的时期。

随着美国经济的繁荣，物质主义、拜金主义、享乐主义开始流行，股票和房地产市场的繁荣成为当时美国经济的代表。城市化进程的不断加剧刺激着美国房地产市场的发展，在1925~1927年，美国的房地产市场进入了疯狂扩张阶段，相比于1919年，这一时期美国的新房建筑许可证发放量上升了208%。在1921~1925年间，华盛顿城区房屋的价格涨幅在10%左右。虽然各地区房价的波动幅度较大，但从整体来看，当时并没有形成大规模的房地产泡沫。

佛罗里达州位于美国东南端，温暖湿润的气候使其成为美国人冬日度

假的胜地，同时也成为美国富人聚集的天堂。第一次世界大战结束之后，随着当地政府大力改善交通和公共基础设施，佛罗里达更是成了游玩享乐的地方。

到1925年，迈阿密市出现了2000多家房地产公司，在仅有的7.5万人口之中有超过2.5万名地产经纪人。随着经济的持续繁荣，到佛罗里达州投资已成为美国人致富的主要方式之一。一时间，无数财富涌入佛罗里达州，现有的房屋被高价买下，尚未开发的地区也进行着规划，土地价格呈现出惊人的涨幅。

在这些数不清的购房者之中，绝大多数都是抱着投机心理来佛罗里达炒房的，这些人都希望手中房产的价格在未来会上升。市场的繁荣让这种预期不断被推高，同时其中的风险也开始逐步累积。很显然，佛罗里达州的房地产泡沫正在不断膨胀，随时都会有破裂的危险。

在1926年9月，一场极具破坏性的飓风袭击了佛罗里达州。这场飓风以每小时125英里的速度横扫佛罗里达，飓风所引发的海啸将佛罗里达的两个城市夷为平地。飓风过后，佛罗里达州一片狼藉，昔日的繁荣景象荡然无存。

飓风摧毁的不仅是佛罗里达人的生存家园，还有他们的心理防线。在1926年底，房地产泡沫开始破碎，迈阿密的房地产交易量从10.7亿美元下降到了1.4亿美元。为了支付房贷，人们开始纷纷抛售自己手中的房产，这进一步加剧了房价的下跌，持续了4年的投资热潮在一场飓风之后烟消云散。

如前所说，这场房地产泡沫又引发了美国的经济危机，华尔街股市的崩溃最终导致了全球性的经济大危机。

在1997年亚洲金融风暴之前，东南亚各国也经历了几年的房地产泡沫

第五章
全球房地产市场

时期。在1986~1994年间，金融自由化使得越来越多的国际资本进入到东南亚市场之中，各个国家流入股市和房地产市场的银行贷款比例也不断增多，东南亚国家的房地产价格开始急剧上涨，这之中，印尼在1988~1991年间的房地产价格上涨了4倍，而马来西亚、菲律宾和泰国在1988~1992年间则都上涨了3倍。

1989年泰国的住房贷款总额为459亿泰铢，而到1996年时则超过了7900亿泰铢，在7年时间里增加了5倍之多。在1988~1992年间，泰国地价以平均每年10%~30%的速度上涨，而到了1992~1997年间则达到40%，一些地方的地价在1年中甚至上涨了14倍。在过度扩张的银行信贷推动下，泰国的房地产市场积累了大量的泡沫，由于没有进行适当的调控，使得这种泡沫继续累积。

1996年之后，随着泰国出口市场的持续低迷，使得贸易赤字加剧，又由于泰国自身金融体系不健全、金融系统不稳定等原因，大量国际资本纷纷撤离泰国，从而对泰国的汇率造成了巨大压力。随着泰国放弃固定汇率制度，泰国的汇市和股市则开始出现巨幅下跌，房地产市场价格也出现迅速下跌，仅在1997年便缩水了近30%，最终，泰国的房地产泡沫破裂崩溃。

马来西亚与泰国一样，都是由于长期实行外向型经济，使大量的外债并没有真正投入到实体经济之中，而是转向了股票和房地产市场，从而最终导致泡沫的形成。由于经济繁荣所引发的房地产市场繁荣吸引了大量资本的注入，由于马来西亚金融监管体系的缺陷，房地产的价格在资本的推动下一路攀升。最终随着经济危机的爆发，房地产泡沫迅疾破裂，各项房价指数开始出现大幅下跌，马来西亚的经济受到了严重打击。

在2001年，随着流动性过剩和低利率的刺激，美国又一次出现了房地产泡沫。随着美联储在2004年开始加息，2008年美国次贷危机爆发，从而引发了国际性的金融危机。直到现在，全球经济依然没有走出这次国际金融危机的阴影。

从对于经济增长的带动来看，无论是在发展中国家还是在发达国家，房地产都在宏观经济中起到了重要的作用。经济的繁荣将会带动房地产市场的发展，而房地产泡沫的破碎则会导致经济的衰退。无论是美国、日本等发达国家，还是其他发展中国家，房地产泡沫都是一个必须要面对的问题，一旦处理不好，就将会造成严重的社会经济危机。

房地产行业与世界经济大局

房地产行业的虚假繁荣对于一个国家的经济发展是十分有害的，在过往的历史之中，这一论断已经被反复证实。相较于其他产业而言，房地产业对于经济的影响要更为明显。在前面的章节中，我们讲到了房地产泡沫破裂对于经济的不利影响。在这一节中，我们主要来分析一下房地产行业与世界经济大局之间的关系。

房地产行业涉及了众多金融问题，并不只是简单的房屋买卖。房地产行业是一个从产出企业到消费人群都需要与金融严密挂钩的行业。首先，房地产的开发需要大量的资本支持，而考虑到建设周期和销售周期，房地产行业想要回收资金，没有几年时间是无法完成的。这也就是说，在这几年时间之中，大量的资金将会被绑定在房地产行业之中。

对于房地产开发商来说，完全依靠自己拿出这么一大笔钱显然是不现实的，所以寻求金融机构的帮助便成为房地产开发商的首要选择。而使用银行贷款也好，使用其他手段进行融资也好，整个房地产的开发过程都与

第五章
全球房地产市场

金融之间有着重要联系。

即使进入了销售阶段，其与金融之间的关系依然没有间断。购房者在购买房屋时需要向银行进行贷款，这一方面可以减少生活的压力，另一方面还可以保证自己更早入住新房。所以尚没有金融业的保障，房地产行业是没有办法顺利发展下去的。

这样，反过来说，一旦房地产行业发生泡沫破裂或崩溃的现象，那么首当其冲遭到打击的就是金融行业。作为一国经济命脉的金融行业如果出现问题，整个国民经济就会陷入困难之中。在全球经济一体化的进程中，各个国家的经济都存在着很大程度的联系，这就导致一个国家的房地产行业发生危机，不仅会影响到本国的经济发展，更会对世界经济的发展产生不可估量的影响。

美国房地产业发展的历史无疑是这一问题最好的体现，美国的房地产泡沫危机引发本国经济危机，进而又不断蔓延至整个世界的经济危机，严重阻碍了世界经济的发展。具体的案例我们在前面的章节中已经提及，在这里不再赘述。但想要了解房地产行业与世界经济之间的关系，我们仍然需要用一个故事来进行说明，这个故事的主角就是日本。

从20世纪60年代开始，日本经济便保持着一种高速增长的态势，日本不仅没有因为在二战中战败而衰落，反而逐渐在经济上繁荣起来。到了80年代，日本已经超越意大利、英国、法国和德国而成为亚洲第一、世界第二大强国。其不仅在对外贸易和制造业方面直逼美国，在电子、汽车、钢铁和造船等领域更是超过了美国。

到了1985年，日本已经取代美国而成为世界上最大的债权国，日本经济进入到一个空前发展的时期，而在这种空前繁荣的背后，却正酝酿着一场无法阻挡的危机。

1978年，第二次石油危机爆发，能源价格的大幅上升让美国出现了严重的通货膨胀现象。为了解决这一问题，美联储连续三次提高联邦基金利率，实施紧缩的货币政策。美国希望能够通过美元贬值的方式增加产品的出口竞争力，从而改善国际收支不平衡的状况。

"广场协议"就是在这样的背景下签订的。此后，日元相较美元大幅升值，这虽然为日本企业的海外扩张提供了机遇，但也埋下了房地产市场泡沫的祸根。为了维持日本产品的成本和价格，日本政府制定了提升内需的经济扩张政策，同时也放松了国内的金融管制。

正是在低利率和流动性过剩的背景之下，大量资金开始流入房地产市场中。在这一阶段，日本的地价出现了爆发性增长，日本的房地产泡沫也随之越来越大。

房地产行业的巨大泡沫刺激着金融机构的房贷增长，银行也开始大量投资房地产行业，不仅发放了大量抵押贷款，同时还鼓励土地持有者进行投机。从1986~1991年，日本银行的房地产抵押贷款余额翻了一番，而在1984~1991年间，日本城市地价指数则上涨了66.1%，而同期消费者物价指数却仅仅上升了12.6%。在这样的形势下，日本房地产泡沫日益膨胀。

观察到日本房地产市场的火热，国际热钱开始大量涌入日本的房地产行业中。热钱的涌入加大了日元升值的压力，从而使得房价进一步上涨，而这种上涨的趋势又吸引了更多国际资本涌入其中。在这样的循环往复之中，房地产的泡沫被越吹越大。

暴露在阳光之下的泡沫，只要一触就会破碎。日本的经济随着高房价和高股价越走越高，但这种虚假的经济繁荣却让日本国民的生活苦不堪言。由于地价的过快上涨，日本的实体工业发展受到严重阻碍。建筑用地价格过高，使得企业无法继续扩大生产规模。而过高的地价则让政府的

第五章
全球房地产市场

城市建设无法继续推进,高昂的房屋价格更是让日本的民众买不起房子居住。泡沫经济带来的诸多隐患,为日后日本经济的衰退埋下了祸根。

为了解决业已存在的诸多问题,日本政府采取了许多措施,希望能够将房地产泡沫一点点挤掉。但从结果来看,这种尝试却最终使得日本股市和房市泡沫先后破裂。

日本政府首先通过紧缩的货币政策,限制货币供应的持续上涨。随后要求金融机构严格控制在土地上的贷款项目,从而保证房地产贷款增长速度不超过总体贷款增长速度。到了1987年,日本开始调整税制。在税制调整之后,持有不超过2年的房产被视为是超短期持有,这些房产将会受到重点监管。

就像亡羊补牢的故事一样,日本政府希望能够通过这些措施来解决已经出现的问题。如果这些举措早些出现的话,这种亡羊补牢的做法还能够算作为时不晚。但从当时来看,日本房地产泡沫已经膨胀到了极限,日本政府的政策根本就无法减小这种泡沫,反而从另一方面刺破了日本的经济泡沫。至此,由泡沫堆积起来的高楼开始轰然倒塌。

1990年1月12日,日本股市暴跌70%。到了9月,日经股票市场平均亏损44%,相关股票平均下跌了55%。几乎所有的银行、企业和证券公司都出现了巨额亏损,而这只是一个开始。企业为了维持生存,只能将手中的不动产推向市场,一时间,日本房地产市场供过于求,房价开始出现大幅下跌。

看到日元的套利空间逐渐缩小,国际资本开始纷纷撤出日本,这又进一步加快了日本房地产泡沫的破碎速度。从1991年开始,日本不动产市场开始崩塌,并很快蔓延至日本全境,房地产价格一泻千里。

房地产价格的暴跌引发了大量不动产企业及其关联企业的破产,随着相关企业的破产，日本的非银行金融机构由于拥有大量不良债权也相继破产，这又使得为这些机构提供资金的银行业拥有了巨额不良债权，日本银行业陷入危机之中。

一系列由房地产泡沫破裂所引发的连锁反应，让曾经高喊着"超越美国"成为超级大国的日本从此陷入了低谷。随着泡沫经济的破碎，民众对于资本市场也失去了信心。也正因如此，即使到现在，日本的房地产市场依然没有走出当年的阴影，日本也丧失了20年的黄金发展时期，在国际上的政治影响力随着经济的衰退而下降，超级大国的美梦宣告破碎。

从日本房地产业的发展历史可以看出，房地产行业与国民经济之间存在着密切联系。而一个国家房地产市场发展的好坏，也从很大程度上反映着其在国际社会中的经济和政治地位。所以说，房地产行业从某些程度上影响着世界经济的大局也是十分准确的。

全面解读次贷危机

在2008年，一场突如其来的"大火"从美国蔓延到了整个世界，世界经济因此受到了严重打击，不仅美国股市出现大幅下跌，全球股市都随之剧烈震荡。虽然各国政府纷纷采取措施刺激本国经济，但大多都收效甚微。现在美国次贷危机虽然已经过去10年，但其对世界经济的影响却依然没有减退。

美国次贷危机的发生并不是一次偶然性事件，在其背后存在着复杂的经济因素。分析次贷危机背后的因素，对于了解世界经济运行规律、掌握世界经济之间的联系具有重要意义。所以，在这里我们再来全面解读一下发生在10年之前并影响深远的次贷危机。

第五章
全球房地产市场

简单来说,次贷危机就是指银行利息上升,从而导致还款压力增加,这样一来,很多本来信用不好的人就很容易出现违约的可能,从而影响到银行对贷出款项的回收,最终引发经济危机。按理说,这种理论上的描述一般并不容易实现,但当所有因素都聚合到一起之后,危机的发生就变得理所当然了。

自2006年起,美国的房价开始出现下跌,那些通过次级贷款借钱买房的人很难通过出售房屋的方式来偿还贷款,即使想要将房屋进行抵押来获得融资也是一件很困难的事情。自第一个次级贷款借款人拖欠还款开始,这一现象便愈演愈烈。无法收回贷出的款项,使得美国超过100多家次级住房贷款机构破产关门,由此而引发的连锁反应让美国证券市场出现了价格崩溃的现象,最终引发整个金融市场的强烈震荡,从而引发了美国的次贷危机。

次贷危机看上去像一场突然发生的大地震让人猝不及防,但实际上,从现在来看当时美国的经济情况可以发现,次贷危机的发展有着十分显见的原因。政府的政策、美联储的利率调整、资产证券化,都是次贷危机发生的导火索,这些不同因素的叠加造成了这次严重的世界性经济危机。

首先,从政府的政策方面,美国政府将房地产业视为助推经济发展的主要力量,不仅鼓励美国人购买房屋,同时还在政策上进行税务减免,从而增加国民对于房屋的购买能力。在当时的美国,即使是较低收入的人也能够购买到自己的房屋,就是因为得到了政府政策的支持。

这种政策确实起到了意料之中的效果,美国当时的房地产市场获得了飞速发展,但正如前面小节中的"楼市泡沫"部分所说,这也进一步堆高了美国房地产市场的泡沫。那些低收入群体的实际购买力其实并没有增加,美国房地产市场的繁荣只是一种表面现象。

其次，美联储的连续加息也是次贷危机发生的一个主要原因。美联储为了消除经济衰退现象，开始继续实施低利率政策，该政策一直保持了将近一年之久，这便使得各大银行纷纷放宽发放购房贷款的标准。贷款标准的放松催动了消费者的购房热情，同时也导致美国房地产价格的持续走高，这让美国房地产市场的泡沫进一步堆积。

可以看出，以上两个因素的相互作用使美国房地产市场吹起了巨大的泡沫，单单一种因素带来的泡沫就很容易带来市场的动荡，两种因素的叠加更让危机发生的概率骤然攀升了许多。

2004年6月，美联储为了抑制通货膨胀，开始不断提高利率水平，在短短两年时间里共提息17次，利率水平从1%上升到了5.25%。但令美联储没有想到的是，利率水平的上升让美国人对于房地产的需求开始下降，造成了美国多个地区的房价下跌。这样依靠贷款购房的人继续还款便出现困难，从而引发了拖欠贷款的行为，放贷机构因为无法及时弥补贷款无法回收给自己带来的损失，从而陷入倒闭和破产，次贷危机由此发生。

如果仅仅只有这几方面因素影响的话，那么美国的次贷危机可能只会像日本房地产泡沫那样，影响的范围仅仅局限在自己国家之中。但由于资本证券化现象的出现，美国次贷危机并没有仅仅局限在美国国内，而是漂洋过海扩散到了世界各地。

资本证券化是一个过程，首先是银行为了高利率，放宽贷款条件，推动房地产市场发展。为了能够避免贷款过多为自己带来的风险，发放贷款的银行又会找到投资银行。投资银行将这些贷款按照质量高低分成不同等级的债务抵押凭证，由于信用评级机构对于市场风险认识不清，所以使得贷款银行和投资银行轻松地便将这种风险转移到了资本市场中。

原本缺乏流动性的资产变成了金融市场上可以自由买卖的证券，这就

第五章
全球房地产市场

是资本证券化的过程。看上去这是一种金融领域的创新，次级市场的繁荣为金融机构带来了丰厚的收益，而次级市场一旦崩溃，与之产生关联的金融机构即使想脱身也无法逃脱，最终与次级市场一同陷入泥潭之中。

随着次贷危机的逐渐扩散，受到最直接影响的便是房地产行业，不仅美国房地产行业受到重创，欧洲国家的房地产市场也陷入低迷之中。从英国开始，欧洲许多国家的房地产市场开始出现下跌。美国、日本和欧洲的许多国家在经济上受到了严重冲击，全球经济的发展速度也因此放缓。次贷危机同时还对股票市场造成了巨大冲击，亚洲、欧洲和拉丁美洲地区的股票市场大多都出现了连续下挫的现象，全球股票市场陷入大震荡之中。

为了应对次贷危机带来的突然性流动紧缩，各国央行纷纷投入大量资金来刺激本国的经济发展。美联储注资38905亿美元，欧洲各国央行注资6641.5亿美元，日本注资467.7亿美元，澳大利亚则注资151.4亿美元。各国央行的资金注入，不仅增强了流动性，也使得金融市场开始稳定下来。

相比较而言，在次贷危机之中，中国的房地产业和银行业受到的影响较小，反而是在进出口贸易方面受到了较大影响。随着次贷危机的发生和美元对人民币的不断贬值，使得中国对美国的出口贸易在增长的速度上有所降低，从而影响到中国整体的出口速度，使得贸易顺差锐减。

在全面解读了美国次贷危机之后，我们应当汲取其中的经验教训，在经济发展过程中时刻注意宏观调控的尺度问题。在实施调控政策时，应充分考虑到可能对经济产生的负面影响。同时，在金融市场上，银行对于贷款发放的审核一定要精细严格，避免出现美国次贷危机中出现的问题。

现阶段，中国的房地产市场呈现出了一派异常火热的景象，随着政府部门的宏观调控，持续上涨的房地产价格得到了有效控制，但不可否认的是，我国现阶段在房地产市场中的泡沫依然很大，如何顺利消解这些泡沫对于中国的房地产市场发展及整体经济的发展来讲至关重要。

各国房地产政策对比

在前面的章节之中，我们对历史上的数次房地产泡沫危机进行了细致分析，虽然这些房地产泡沫危机距离我们已经十分遥远，但我们面前的房地产市场却仍然问题不断。

说到我们所面临的房地产问题，有人总结了这样两个特征，一是房地产泡沫的出现提高了制造业的成本，让制造业难以继续发展下去；二是房地产泡沫的出现让越来越多的人买不起房子，从而引发出了严重的社会问题。

无论是制造业的发展问题，还是由买不起房子所引发的社会问题，可以肯定都是由于房地产市场的不健康发展所造成的。在中国，庞大的人口基数让房子的问题变得更加严峻，如果解决不好这个问题，那么对于经济和社会的发展显然存在着很大的不利影响。而想要改变这种状况，唯一的办法就是寻找到适合中国房地产市场的合理政策，在房地产泡沫还没有膨胀到无法抑制的时候将其逐渐遏制、消灭。

当然，这并不是一件容易的事情，在寻找方法之前，我们可以首先了解一下其他国家的房地产政策。虽然面临的问题并不相同，但从经济学的角度寻找问题和对策之间的联结点，对于解决中国房地产市场中存在的问题是有着重要意义的。下面就让我们依次去了解一下世界上的其他国家对于房地产市场的发展出台了哪些措施。

经历了多次房地产泡沫危机的美国，在房地产市场政策方面有着许多

第五章
全球房地产市场

可以借鉴的地方。美国的房地产泡沫与市场投机行为有着密切的关系，所以在这方面美国十分注重对于房地产投机行为的打击。通过税收政策，美国很好地解决了房地产市场中不断出现的投机行为。

美国可以说是世界范围内税制最为完善的国家之一，adw 征税基础是房地产评估值的一定比例，而关于税基，在不同的州则有着不同的规定。美国除了马里兰州的征税权归政府所有外，其他各州的征税权都在地方政府手中。因此，各州和地方政府的税率并不相同。

交易税是指房地产买卖过程中需要一次性支付的税款，而物业税则是指持有房屋所需要缴纳的税款，所以对于购房者来说，在购买房屋时需要缴纳一定的交易税，而在房屋买卖结束之后还需要继续缴纳物业税。由于美国的房地产升值速度较慢，所以原本通过房地产获得利润的投机者现在需要面临交易税和物业税的双重打击，根本无法通过房地产投机获得利润。

虽然这种方法能够很好地打击投机行为，但对于购房者来说，物业税也是一项不小的支出，同样也会影响到购房者的积极性。为了避免这种情况的发生，在征税的同时，美国各地方政府还出台了相应的减免物业税的政策。这样一来，如果购房者是用于自住的房屋就可以获得物业税减免的待遇，但如果用于出售就不能获得这样的待遇。

既打击了房地产市场中的投机行为，又保障了居民的居住权，美国的房地产政策可以说是十分全面的。那么，这种政策对于中国的房地产市场是否适用？这可能还需要进一步的讨论和论证。

日本同样是房地产泡沫危机的受害国之一，经历过房地产泡沫之后，日本政府为了重建本国的房地产市场推出了许多相应的改革措施。虽然从效果上来看，这些措施并没有让日本的房地产行业重回泡沫破碎前的辉煌时期，但其至少为日本房地产市场的振兴提供了新的动力。

为了提高本国房地产的附加价值，日本政府大力兴建相应的配套设施，虽然付出了高昂的财政投入，但却为房地产市场的发展增添了活力。同时，为了扶持房地产行业的发展，日本开始放松对于金融行业的限制，为投资者提供房产投资信托。

简化办事流程也是日本政府的一项重要举措。以往日本的房地产项目审批十分烦琐，而为了重振危机之后的房地产市场，日本政府不仅调整了项目审批的标准，同时还缩短了建筑方案的审批时间，为房地产的投资与开发提供了极大便利。

虽然这些政策看上去并没有对房地产市场进行较大调整，但确实让危机过后的日本房地产市场重新焕发了生机，从而使其保持着稳定的发展速度。在中国的房地产市场中，在审批方面同样存在着各种乱象，适当规范审批环节将会有利于中国房地产市场的发展。

德国在房地产政策方面与其他国家都有所不同，相较于房产的经济属性，德国人更加注重房产的居住属性，所以德国很好地贯彻了"房子是用来住的，而不是用来炒的"这一理论。

德国在住房保障方面有着相当完备的体系。在德国，大多数人都会加入住宅互助储金信贷社，而想要加入其中就必须先储蓄后贷款，当储蓄达到了贷款额度的40%~50%时，社员才有资格进行贷款。

德国政府同样出台了打击房地产投机行为的法律。法律规定，如果地产商或者房屋其他所有人出售房屋的价格超出了"合理房价"的20%就属于违法行为，购房者有权向法院起诉要求售房者将房价降回到合理范围之内，否则房屋的出售者将会被要求支付巨额罚款。

德国法律规定，对于因为经济收入低等各种原因导致找不到房子的家

第五章
全球房地产市场

庭，政府有提供公共住宅供其租住的责任。为此，德国政府新建了大量福利房租给这些居民，用来解决他们在寻找住房方面出现的问题。即使德国居民的住房需求已经得到了满足，德国政府兴建高福利住房的脚步依然没有停止。而对于那些经济水平达到了自己支付房屋租金的居民，如果继续选择居住在福利房之中，德国政府则会强制向其收缴租金。如果其拒绝缴纳租金，则将被强制退出福利住宅。

我国政府也出台了相应的政策，以租金补贴和实物配租的方式向符合城镇居民最低生活保障标准并且住房困难的家庭提供社会保障性住房。而到了2017年8月28日，国土资源部会同住房城乡建设部联合印发《利用集体建设用地建设租赁住房试点方案》，确定了第一批在13个城市试点开展利用集体建设用地建设租赁住房。

这一举措无疑为进入低迷阶段的中国房地产市场注入了一剂兴奋剂，但究竟这剂兴奋剂能够起到什么样的效果我们还不得而知。政府放宽对于集体用地的管制究竟是好事还是坏事，我们只能静静等待最终的结果出现。

中国的房地产市场有其自身的特征，盲目照搬国外的房地产政策显然是不行的。正如探索具有中国特色的社会主义道路一样，中国的房地产市场同样需要一条具有鲜明中国特色的道路，而想要寻到这条道路就应继续寻找中国房地产市场中存在的问题，越早发现问题，就能够越早进行预防，而等到泡沫真的膨胀到无法抑制的时候再进行大刀阔斧的改革就一切都来不及了。

房价战争的背后是资本的战争

在2015~2016年间，中国的房地产市场经历了一次疯狂的上涨。2015

年12月，一线城市土地成交均价为10436元/平方米，同比上涨了46.8%。而深圳的房价在2015年到2016年的涨幅则超过了100%。在2017年胡润研究院公布的房价指数中，合肥、厦门、南京、无锡、深圳、杭州、上海、福州、郑州、北京占据了全球房价增幅的前十名，排名第一的合肥房价年涨幅已经达到48.4%。

在短短一年时间，中国的房价出现了爆发式增长，这种房价增长的情况并不是只出现在一线城市之中，甚至三四线城市的房价也出现了以往未曾有过的增长。高房价已经成为中国人不得不面对的一个问题，而如何解决这个问题，让更多的人买得起房子，则是政府需要面对的。

对于中国房价的暴涨，有人认为是因为越来越多的人从农村走向城市，导致城市之中的房屋供求关系出现变化——需求增多导致了房价上涨。看上去这似乎是一种正常的符合经济规律的现象，但对于那些身处城市之中的人来说，这种结论似乎却并不可靠。虽说供求关系会影响到房屋价格，但从现在中国大多数城市的房价来看，完全用供求关系来解释这一问题显然是不够全面的。

先不说北京、上海等一线城市的房价出现了暴涨，就连人口并不多的三四线城市的房价也出现了暴涨，这就不是简单的供求关系可以解释的了。如果说一线城市房价的上涨是因为三四线城市或是更加偏远的城市人口涌入所致，那么三四线城市房价的上涨则显得并不合理。

其实不仅是在中国，世界上的很多国家都出现过房价暴涨的情况，但从增长的情况来看，却都没有呈现出中国房价这般高增长态势。有人说这是中国房地产泡沫不断累积的结果，而如果真是这样的话，中国的房地产泡沫是否会破碎？中国是否会重蹈西方国家的覆辙？

我们现在没有办法对这些问题下定论，但可以肯定的是，在房价暴涨

第五章
全球房地产市场

的背后一定存在着一种"力量",正是这种"力量"在不断推动着房价的上涨。从西方国家房地产市场的发展历史来看,这种"力量"就是资本,所以在很多时候,我们看到的围绕着房地产价格的战争是其背后资本的战争。

在中国房地产市场的疯狂发展过程中,杠杆资金起到了至关重要的作用。杠杆资金不仅在股票市场中十分常见,在房地产市场中也十分常见。中国股票市场泡沫的破碎正是由于投资加杠杆所致。而继续向前看,2008年的经济危机正是由于金融杠杆被无数倍放大,在美联储加息之后导致次级贷款无法收回,众多企业资金链断裂后纷纷倒闭破产,最终引发了经济领域的危机。

而近年来中国房地产市场呈现出的一片火热景象,正是由于大量的热钱涌入到房地产市场所致。房地产商利用杠杆资金买地开发,营造出了房地产市场的繁荣景象,虽然各地政府相继出台措施限制开发商使用杠杆资金,但仍然有大量热钱进入了房地产市场中。如果没有国家的及时调控,现在中国的房地产市场就不会仅仅出现一个高房价问题了,在资本的推动之下很有可能会像发达国家那样走入经济危机的漩涡中。

从宏观的角度来看,经济、投资和信贷对于房地产行业存在着较大依赖性。有人形容中国的房地产市场发展模式是:投资拉动、基建先行、土地出财政、一业带百业、央行需要抵押物做"锚"、巨量货币需要"超级蓄水池"消化。而在这样的模式之下,越是经济发达的地区就越会受到房地产商的青睐,其房价也会上涨得更快。

这样一来,"抢地"便成为众多地产商的第一选择。在大多数人的眼中,面对动辄几十亿、上百亿的土地,只有真正有实力的大开发商才能够入场竞争。但实际上,在现在的房地产行业中,钱往往要排在第二重要的位置，那么第一重要的是什么呢？是胆量。

一位地产开发商曾经说过："不用有钱，只要有胆。你把地拍下来，银行排队等你，你自己不用出钱。你也不用太懂房地产，专业能力强的开发公司太多了，他们没有项目不行，绝对愿意跟你合作。"听起来这话有些耸人听闻，但仔细思索一下，其中确实存在着一些道理，而放眼当今的房地产市场，情况也确实如这句话描述的那样。

如果你在国际大都市上海抢拍到了一块地，难道还愁没有人跟你合作吗？银行不选择跟你合作，难道还会寻找其他合作者么？如果银行肯借钱给你，那么项目融资、抵押贷款、尾款回收等纷纷都可以证券化了。搞定了这一项目之后要去做什么呢？难道是静静等待着房子盖好吗？不，继续去拍地，继续重复这样的工作将会是一个"明智"的选择。

这样看来，经营房地产似乎就像是在进行金融活动一样，房地产行业似乎成了一个空房子，左边是投资资金的流入，右边是投资收益的流出，那么中间在房子里发生了什么事还重要吗？对于追求结果的人来说，中间的过程显然就不重要了。

那么，房地产投资似乎与其他行业走向了不同的方位，如果投资制造业，你需要像产品经理一样精心地去制造产品，但现在的房地产行业竞争的却是谁能够整合到更多的融资资金，通过高杠杆撬动更大规模的资金，然后通过房地产项目来实现一种规模化的盈利回报，这已成为房地产行业的主要运作模式。

如果市场中没有其他更好的投资产品的话，土地就成了众多开发商争抢的对象。争夺的人越多，土地的价值就会被评估得越高，这样一来，拍下土地的人就会拿到更多的融资额度。所以说，现在是开发商不愁拍到天价土地，而是发愁拍不到土地。在他们眼中，土地已经成为一块吸引人的香肉,价格越高,香味就越浓厚,吸引到的人也就越多。

从现阶段中国的房地产市场发展情况来看,近几年的中国房地产市场呈现出了一种并不健康的发展状态,这是经济不正常的表现。在房价上涨的背后,资本起到了至关重要的作用,大多数人只是看到了房价上涨的表象,但却并没有看到其背后隐藏着的资本的竞争。

针对房地产行业存在的诸多问题,各地方政府已经纷纷出台措施加以整治。在各地限购的大背景下,中国的房地产市场似乎冷静了下来,虽然表面上的问题看似得到了解决,但中国房地产市场还存在着诸多深层次问题。如何能够从根本上将房地产市场从资本的绑架中解救出来,将会是未来政府政策的一个重要着眼点。当然,这并不是一件容易的工作,即使是在发达国家也很难解决好这一问题。

资本并没有好坏、善恶之分,资本可以用来救济贫困,资本还可能会搅乱市场,资本所起到的效果主要是看持有资本的人出于何种目的去使用资本。而政府通过合理的政策调控去规范投资者的行为,则是保障资本合法运作的一个重要因素。

买不起房的"世界青年"

2016年,中国的房地产市场迎来了最为火爆的一年,一线城市的房价开始出现快速增长。随后,这种火热的趋势又一直持续到了2017年,三四线城市的房价也随之出现疯涨。面对不断上涨的房价,人们的购买热情异常高涨起来,房价越涨买的人就越多,有房子的想要从中大赚一笔,没房子的想要为自己提前做好准备。随着国家和各地限购政策的出台,房地产市场的火热现象得到了抑制,在2017年的下半年中国的房地产市场开始冷静了下来。

虽然房地产市场冷静了下来，但是广大群众的心却也凉了下来。越来越多的年轻人发现自己买不起房了，一线城市自然不必多说，就连二三线城市的房价都足以让自己吃不消了。刚刚从校园步入社会的年轻人可能怎么也没有想到，高考之后买一套房子要远比上一所名牌大学赚得更多。

当然，上面说的只是一句玩笑话，但也或多或少反映出了现在中国青年所面临的一个严重问题。其实，不只是中国青年，买不起房也是世界青年所普遍面对的问题。可能这个问题出现的时间并不相同，但确实是一个共性问题。同时，在其他国家的青年群体中，"不想买房"也成为一种主流趋势。

英国房屋的平均价格在近百年间增长了471倍，这对于投资者来说绝对是一件好事。但同样，英国房价的上涨也使得越来越多的人买不起房了。在15年内，英国25~29岁之间拥有住房的人数下降了近30%。

相较于买房，英国国家统计局发现，年轻人更加倾向于租房居住而不是买房。在2000年时，英国年轻人中倾向于买房的有56.5%，而租房的人只有21.4%。而现在，有39%的人选择抵押贷款买房，43.3%的人选择租房。

一项研究表明，从1969年起，对于初次购房者来说，房屋的价格上涨了48倍，但收入却只增长了29倍。而在伦敦，从1969年起算，房子的价格大约上涨了59倍，但收入却只增加了34倍。从这一数据也可以看出，在房价上涨远超于收入增长时，对于年轻人来说，如果没有家庭的支持，想要自己买房并不是一件容易事儿。

日本人对于房子似乎产生了一种恐惧，近年来，日本传统的买房观念正在不断改变，大多数年轻人开始选择租房生活。由于日本人口老龄化和

第五章
全球房地产市场

少子化问题不断加剧，日本开始面临人口减少的危机，这就使得日本的房屋供给出现了过剩的局面。

2013年日本总务省的调查数据显示，日本住宅总数为6063万户，其中空置住宅为820万户，空置率达13.5%，创下有史以来的最高纪录。与此同时，每年还有约80至100万户的住宅需要进行翻新。租赁住宅的空置率约为20%。而从日本国土交通省在2012年发布的白皮书来看，在1983年，40岁以下的日本人中有房的人占总人数的42.2%，而2012年有房的人数则只占总人数的28.4%，30年下降了14%左右。

根据日本内阁府2015年发布的《住宅生活相关民意调查》结果显示，有61.5%的被访者"想要买房"，有13.4%的被访者"总体上来说想要买房"，共占总人数的74.9%。这也就意味着约四分之一的日本人认为不买房也无所谓，而在年轻人之中这一比例则更高。

而对于现在是否适合买房，23.3%的被调查者认为现在并非买房的时机，15.2%的被调查者认为现在是买房的时机。对于现在住房的满意度，买房者平均为73.8分，租房者为63.5分。

从韩国国土交通部的居住现状调查报告可以看出，如果将2011~2020年韩国经济增长率设定为3.6%的话，那么在2014年时，韩国在25~29岁的年轻人即使工作10年，并且收入随着年龄的增加而增长，那么到了2024年他们也仅仅能够负担起首尔56.4%的房屋价格。但事实上，韩国近些年来的经济发展并不顺利，国民收入的增长速度也开始放缓，就业率开始出现下滑，这将使韩国青年更加"买不起房"。

与韩国青年有着同样际遇的是新西兰的青年，奥克兰的住房危机让新西兰年轻人居住在一个过度拥挤的环境之中。在新西兰，1986年，69.5%年龄介于30~34岁的年轻人拥有自己的住房，而到了2013年这一比例却下降到了45.5%，在所有年龄段人群中降幅最大。根据2013年人口普查的数据显示，25.2%年龄介于20~24岁的奥克兰年轻人住在官方认为"过度拥挤"的房屋中，2006年人口普查相关数据是23.6%。2006年人口普查中居住环境最为过度拥挤的年轻人群是5~9岁，而现在，20~24岁的年轻人超过了他们。

加拿大帝国商业银行也进行了一项调查，他们发现加拿大的年轻人更希望拥有自己的房产，虽然现在他们仍然是自己租房住或者是住在父母家中。在加拿大的年轻人中，86%的人认为拥有自己的房子是十分重要的，这也与大多数加拿大人的观点相一致。

虽然多伦多的平均房价已经远高于全国的平均水平，但在加拿大仍然有三分之二的年轻人希望能够拥有自己的住房。有超过一半的多伦多人的购房预期将会从父母那里获得房价12%的购房首付，最终实际上在首次购房过程中他们自己贡献的只有房价的4%而已。

从世界范围来看，高房价确实是一个突出问题，尤其是对于年轻人来说。在中国，房子与婚姻又紧密联合在了一起，这更让中国年轻人感到了巨大压力。前面我们讲到过房价战争背后其实是一场资本的战争，将房价推向高点的正是资本。

那么，是不是说资本的潮流过去之后中国的房价就会降下来呢？我们不能单纯从这一方面来妄下结论，中国的房地产市场有其复杂性，要具体分析其中的不同问题和现象。有人认为是由于旺盛的消费需求带动了房地产市场的发展，而有人却认为中国的房地产市场并没有形成太多的有效需求，现在呈现的只是一团泡沫罢了。

中国房地产市场的发展确实与日本的泡沫经济时期有着几分相似，单纯依靠市场的调节已经无法起到明显的作用，这时就要看政府如何来面对

第五章
全球房地产市场

这个问题了。是直接刺碎泡沫，还是继续让泡沫膨胀，抑或是使用其他方法来逐渐减少泡沫，中国房地产市场的问题可能在2018年将会迎来答案，到时候我们便可以一探究竟了。

第六章

能源危机与环境保护

能源发展的变迁史

在汉语词典中,能源被定义为是向自然界提供能量转化的物质,这其中不仅包括矿物质能源,同时也包括大气环流能源、地理性能源和核物理能源。作为人类活动的物质基础,能源支撑着人类世界的发展运转。如果说地球是一个不断运转的机器,那么维持它运转的一定会是各种各样的能源。

人类社会的发展离不开各种优质能源和先进技术的使用,如果说是科学技术推动了人类社会发展的话,那么能源则是推动科学技术发挥作用的关键因素。无论是生活还是工作,人类都离不开能源,而从国家的角度来说,围绕着世界能源的开发与利用,各国之间也在相互博弈着。无论是从经济、政治方面还是从军事方面,能源都是各国之间争夺的焦点。

第六章
能源危机与环境保护

在第一次工业革命期间，先进技术的出现让世界经济格局发生了极大改变，我们在关注这一时期的历史时往往也会将注意力聚焦于技术层面上。但实际上，在工业革命的早期，真正决定一个国家强盛与否的标志却是煤炭的储量和产量，因为它可以决定一个国家能够开设多少工厂、生产多少武器装备，甚至是拥有多少殖民地。从那时开始，能源就成为决定国家实力的一个重要指标。

如果继续向前看，在煤炭还没有大范围被应用时，人类所使用的最主要能源则是薪柴。薪柴当然也是一种能源，按照中国古代神话中的说法，燧人氏教会了人类钻木取火之后，人类才摆脱了"茹毛饮血"的生活。正是懂得了使用薪柴作为能源之后，人类社会才逐渐发展到一个全新的阶段。

但在当时人类对于薪柴的使用还更多地是为了满足自身的基本生存需要，这种能源并没有被应用到其他方面。所以，人类的生活依然处于原始部落的状态之中，但在当时懂得利用薪柴作为能源的部落要远比不懂得使用薪柴的部落强大。也可以说，薪柴的使用在很大程度上拉开了部落与部落之间的差距。而到了工业革命时期，这种现象则表现得更为明显。

当度过了以薪柴为主要能源的时代之后，煤炭和石油这类经过千百年地质变化而形成的能源便成为人类的主要消费能源。蒸汽机的发明让这些能源真正开始成为人类社会必不可少的消费能源。正是由于驱动蒸汽机需要使用煤炭资源，人类才逐渐将目光从地上的薪柴转移到了地下的煤炭中。

在第一次工业革命期间，英国煤炭资源的储藏量是非常丰富的。到1789年时，英国每年的煤炭产量是1000万吨，而此时法国的煤炭产量却只有70万吨。1846年，英国煤炭的年产量更是达到4400万吨，成为全世界最大的产煤国。正是这些成千上万吨煤炭的燃烧，才成就了英国"日不落帝国"的美名。

煤炭的广泛应用让人类走出了持续近千年的农业时代，走进了更加先进的工业时代。就这样，煤炭推动着人类历史向前发展了近一个世纪之后，一种新型替代能源的出现逐渐取代了煤炭的统治地位，这一能源就是石油。至于石油出现的具体时间，不同的国家有着不同的说法，在这里我们不过多探讨，我们仍然将目光聚焦到石油作为新的能源究竟为世界带来了什么这个问题上。

同样是工业革命，同样是机械技术的发明，只不过这一次的机器是内燃机，而驱动它运转的能源则变成了石油。相比于煤炭，石油的燃烧效能更高并且携带轻便，是一种最为合适的现代燃料，尤其是在战争时期会起到重要作用。

与煤炭的广泛应用一样，借助于内燃机的普及，石油开始正式登上历史的舞台，成为人类能源的新宠。但与煤炭不同，石油的广泛应用在很大程度上要得益于世界大战的发生。随着第二次工业革命之后世界各国间技术实力的不断发展，帝国主义国家之间爆发了激烈的战争。在战争中，石油体现出了重要的军事价值，这样石油在战后便迅速的成为各国纷纷争夺的能源。

自20世纪20年代开始，全世界对于石油的需求量和贸易量开始不断扩大。如果从数据来看的话，人类真正进入石油时代的时间应该是在1967年。在这一年，石油在一次能源消费结构中的比例超过了40%，而煤炭所占的比例则下降到了40%。当然，这种趋势仅仅只是一个开始，此后，石油正式取代煤炭而成为第三代主体能源。

直到现在，石油依然是最为重要的能源。但随着近百年来对于煤炭和

第六章
能源危机与环境保护

石油能源的无节制使用，人类也遭到了大自然的报复。虽然这些能源的应用促进了经济和人类社会的发展，但同时也造成了严重的环境污染和气候变暖等问题。

在另一方面，煤炭和石油等非可再生能源的储量是有限的，经过人类的不断开采之后，虽然现在储量依然丰富，但早晚会出现能源衰竭的一天。人类社会发展到今天，已经变得一天都无法离开这些能源。如果能源真的枯竭的话，人类社会也同样会随着能源的消失而走向灭亡。

为了摆脱因为缺乏能源而步入毁灭的命运，人类正在不断寻找能够替代石油和煤炭的能源。随着人类的不断探索，风能、太阳能、地热能、潮汐能已经被发现，并开始广泛应用于人类的生活和工作之中。这些清洁能源的使用减少了环境污染，也延缓了气候变暖的趋势，但是却并没有从根本上解决人类对于石油等能源的依赖，许多工业生产中依然必须完全依靠石油等碳基能源。

人类对于新能源的探索依然在不断深入，并且已经取得了一定进展。2013年6月到9月，在广东沿海珠江口盆地东部海域首次钻获高纯度天然气水合物样品，并通过钻探获得了可观的控制储量。2017年5月，中国首次海域天然气水合物试采成功，这种天然气水合物就是"可燃冰"。

天然气水合物在自然界广泛分布于大陆永久冻土、岛屿的斜坡地带、活动和被动大陆边缘的隆起处、极地大陆架以及海洋和一些内陆湖的深水环境。因其外观像冰一样而且遇火即可燃烧，所以又被称作"可燃冰"或者是"固体瓦斯"和"气冰"。其资源密度高、全球分布广泛，具有极高的资源价值，因而成为油气工业界长期研究的热点。

"可燃冰"是人类能源探索的一个重大发现，对于寻求能源的可持续应用具有重要意义。当然，想要广泛应用这种能源，人类还有很长的路要走。这就需要全世界科学家的共同合作,为人类能够保有一个美好的未来而努力。

相较于在新能源探索领域的合作,在对现有能源的使用方面,国家与国家之间的关系却并不那么友好。面对着数量有限的能源,哪个国家都希望能够拥有更多的储量,从而维持本国经济机器的正常运转。因此,在国际能源贸易的背后到处都存在着国家与国家之间的博弈。

能源是经济的血液

一个国家经济的发展,需要许多不同因素的共同作用,这些因素在经济发展过程中各自起着不同的作用。科学技术是经济发展的推动力,高端人才则是经济发展的必备条件,而能源虽然同样作为经济发展的一种必要条件,但对于经济发展来说,它的作用显然更加重要。可以说,能源是一个国家经济发展的血液。

在前面的章节之中我们了解了人类能源利用的变迁史,从薪柴到煤炭,从煤炭到石油、天然气,从石油、天然气再到新能源,在漫长的历史之中,人类使用的能源一直都在发生着改变,但能源对于人类的作用却始终没有改变,只不过这种作用从生活领域扩散到了工作和生产领域之中。当然,能源对于人类的重要性也始终没有发生改变。

我们经常说能源是经济的血液,是因为能源对于经济发展来说实在是太重要了。首先,能源是一种重要的动力来源。无论是煤炭还是石油,其最为广泛的一个作用就是为人类的生产和生活提供动力。蒸汽机的出现让煤炭成为人类的主要能源,内燃机的出现则让石油成为人类的主要能源。即使到了今天,煤炭和石油依然是人类生存发展必不可少的能源之一。

第六章
能源危机与环境保护

技术创新与能源也有着密不可分的关系，在人类发展的历史上，每一次技术的创新都需要能源革命的支持，而技术创新又是经济发展的不竭推动力量，因此经济的发展同样需要能源来提供源源不断的动力。

以煤炭为主要燃料的蒸汽机变革了人类的工业生产方式，手工作坊逐渐被机器所取代。生产力的变革引发了社会生产效率的提高，蒸汽机被应用于轮船中更是拉开了整个世界相互联系的序幕，同时也促进了国际贸易的发展。

早在16世纪，随着人口的增长以及工业的飞速发展，英国对于钢铁的需求开始快速增加，但当时冶炼钢铁的主要燃料仍然是木材。基本上当时英国一个炼铁厂在一年之内需要消耗400英亩的林地，所以，当时英国经济的发展是以无止境地砍伐林木为代价的。而到了18世纪，英国的森林覆盖率已经下降到很低的水平，木材甚至成为一种稀有的物质资源，此时英国已经面临着严重的能源危机。

随着工业革命的到来，煤炭开始正式登上历史的舞台。按照燃烧的热量来计算，每100万吨煤炭所产生的热量相当于600万亩树林中所有木柴燃烧后得到的热量，而煤炭的易开采性也成为其广泛普及的一个重要原因。作为煤炭储量极为丰富的国家，英国不断改进煤炭的开采技术，从而将煤炭大量用于冶炼行业，改变了整个英国的能源结构。

有了充足的煤炭，英国的钢铁工业随之发展起来。钢铁工业的发展，又带动了机器制造业的兴盛，机器制造业的兴盛让英国的纺织业也随之发达起来。为了运输这些产品，英国的运输业不断发展完善着。正是这种一环紧扣一环的工业发展模式，让英国的国民经济水平不断提高，在当时，英国生产了全世界棉纺织品和铁产量的一半，而当时英国煤炭的产量则为全世界的2/3。

同一时期，欧洲的其他国家依靠煤炭的广泛应用而发展了起来。法国的煤炭储量并不多，而且分布十分不均衡。洛林地区虽然有不少优质的煤矿，但却处于德国的占领之下，其他地区的煤炭质量又不高，很难炼成焦炭用于冶金行业。面对煤炭资源的不足，法国只得从其他国家进口煤炭，高昂的进口价格使得经济的发展始终无法赶上其他国家。

以石油为主要燃料的内燃机进一步提高了人类社会的生产力水平，越来越多的产业相继出现，越来越多的科学技术应运而生。在第二次工业革命之后的100年间，人类社会的发展速度远远超越了过去数千年。

石油最初进行商业开采之后，主要用于提炼燃灯用的煤油。相较于煤炭，欧洲地区的煤炭是相对匮乏的。为了能够获得更多的石油资源，在丘吉尔的推动下，英国开始不断从中东地区获取稳定的石油来源。正是凭借着使用石油燃料，英国海军才在一战中击败德国海军，并死死封住了德国的海上通道。

在第二次工业革命之后，石油开始替代煤炭而成为主要燃料，石油拥有量与国家经济发展的关系越来越密切。美国前国务卿基辛格曾说过："一旦你将石油控制在手，那就意味着你控制了所有国家。"这句话并不是没有道理的，从过去的世界经济史中可以发现，石油对于人类经济的发展起着相当重要的作用。

在2017年世界500强企业名单之中，中国石油化工集团公司、中国石油天然气集团公司、丰田汽车公司、荷兰皇家壳牌石油公司和埃克森美孚公司跻身于财富榜的前十名。而在其后，英国石油公司、嘉能可国际公司等能源公司同样榜上有名，并且占据着很高的位置。即使是在全球经济危机刚刚过去，国际油价仍在不断下降的背景下，这些能源公司依然能够继续保持较高的发展速度。

第六章
能源危机与环境保护

在全球经济陷入到低潮的时候,每一个产业的发展都将会受到一定影响。但从能源产业的发展来看,其所受到的影响却并不明显。作为国民经济的命脉,能源产业的发展必须要始终稳步向前,国家经济的复兴正需要能源产业来提供动力,所以即使是处于经济发展的萎靡期,能源产业也不可能萎靡下去。

新能源的出现让人类的未来出现了更多的可能性。伴随着碳基能源的使用,环境问题越来越严重,人类开始寻求一种更有利于经济发展,同时也能促进环境保护的能源。新能源产业已经取得了重大发展,并且已经开始融入其他不同的行业之中。但从世界范围来看,新能源的应用尚不够普遍,相较于传统能源,新能源的应用还存在着一些必须要克服的困难。只有解决了这些问题,才能真正促进新能源的应用普及。

在现代,新能源产业无疑是众多国家争夺的焦点,谁能够在新能源产业中tqi霸,谁就ce在经济发展过程中处于领先地位。新能源产业的勃发将会像石油、煤炭等能源广泛应用时一样,大大影响到今后世界的经济政治格局。

能源是经济的血液,关系着一个国家的命运兴亡,没有充足的能源供应做支撑,再好的发展规划也是纸上谈兵。没有充足的能源供应作为保障,再好的经济发展模式也没有办法发挥出其优越的特性,更没有办法在国际市场上与其他国家进行竞争。

大国博弈下的石油战争

人类对于能源的争夺早在原始社会时便开始出现,伴随着薪柴成为重要的生活能源,人类开始了不间断的竞争。正如前面章节所提到的一样,哪个国家都希望自己能够将这些有限的资源牢牢掌握在手中，不仅能够保障自身经济的正常发展，同时也可以在很大程度上牵制竞争对手的发展。

能源是经济发展的血液，谁手中拥有的存量多，谁就能够在出现危险的时候紧急"补血"。而那些没有存量的人，要么高价向他人购买，要么痛苦地等待死亡。表面看来，国际间对于能源的竞争似乎并没有那么激烈，但实际上，在能源贸易背后，大国之间的竞争博弈只会更加残酷和无情。

单就石油来说，全世界为了争夺对于石油的控制权爆发了许多大大小小的战争，同时也引发了不少的经济危机和政治危机。石油俨然已成为与美元等同的全球通用"货币"，很多时候，石油的地位甚至要远高于美元。谁掌握了对石油的控制权，谁就在国际贸易中占据了主动权。当然，作为各个国家都想要争夺的资源，附着在石油之上的是非也非常多，就像潘多拉的盒子，虽然美丽，但也蕴藏着危险。

中东地区作为世界石油贮藏量最多的地方，虽然自然环境相对恶劣，但中东地区国家的经济实力却很强，这是因为石油贸易为它们带去了大量的财富。但同时，中东地区也是世界上战乱最为频繁的地区，亦是因为石油为其带去了众多灾难。

如果要依据对于石油资源的需求程度来划分阵营的话，那么以进口国和输出国作为标准似乎最为恰当。进口国主要以欧美发达国家为主，作为国际上主要的石油消费国，这些国家需要对外进口大量的石油。而输出国则主要以石油输出国组织为主，这一组织由11个富油国组成，其出口石油占到世界石油出口总量的50%以上。正是由于这一点，该组织在国际石油市场上具有很大的话语权。

而这两个阵营却并不是完全对等的，可能不少人认为石油输出国组织

第六章
能源危机与环境保护

会占有更高的地位，进口国毕竟需要依靠这些国家卖给自己石油。但实际上，双方更多的表现出一种相互妥协的态势，或者说在这种对抗之中西方国家占据着更大优势。

1973年第四次中东战争，西方国家支持的以色列与阿拉伯国家爆发了战争。为了打击以色列背后的西方国家，10月16日石油输出国组织决定提高石油价格。随后，中东产油国开始减少石油产量，并对西方国家实行禁运。仅仅两个月之后，每桶石油的价格就上涨到了11.651美元。石油价格的暴涨，让从中东进口石油的西方国家只得支付更多的费用，从而增加了自身巨额的国际收支赤字。

很快，石油危机开始逐渐影响西方国家的经济发展，从而加深了世界经济危机。在1974年，英国的经济增长率为-0.5%，美国为-1.75%，日本则为-3.25%。相反，发动石油战争的阿拉伯世界国家却由于石油贸易获得了大量经济收入，数百亿美元流入中东国家，这让阿拉伯国家的石油收入在一年内从300亿美元上涨到了1100亿美元。

在1980年，伊拉克和伊朗之间爆发了长达8年之久的战争。由于在20世纪70年代依靠石油销售积累了巨额财富，伊朗和伊拉克的经济实力不断攀升，实力的上升使得双方对于海湾地区的争夺也进入到白热化阶段。另一方面，为了能够掠夺对方的石油资源，两个国家之间早已摩拳擦掌。

在战争期间，双方都将进攻的重点放在了对方的石油设施上，双方的产油基地成为重点打击目标。随着两个石油大国的战争，国际石油市场也开始动荡不安，石油价格一度上涨到了34美元一桶，从而引发了第二次世界石油危机。当然，石油危机又在很大程度上影响了整个世界的经济发展。

到了20世纪80年代之后，新兴产油国的出现使得石油输出国组织的力量开始分散，石油价格也出现持续下降。这让以美国为首的西方国家再一次将石油贸易的主动权掌握在自己手中，中东地区国家的石油权力基本上丧失了。到了1986年，石油价格下降到10美元以下，这使得国际石油市场又一次陷入混乱之中，第三次石油危机由此而来，对世界经济的发展造成了猛烈冲击。

西方国家一方面允许石油输出国组织在经济上进行结盟，通过控制石油产量来调控石油价格；但在另一方面，西方国家却并不允许这些国家在政治上或是军事上寻求更大的发展。这种由西方国家说了算的模式自然不能让所有富油国认同，但经历过一次次在经济和军事上的较量之后，石油输出国组织认识到了西方国家的强大，纷纷开始默认这种石油贸易模式，向西方国家低头。

但并不是所有的产油国都选择向美国等西方发达国家低头，以伊朗、俄罗斯和委内瑞拉为首的产油国对于美国的态度就不友好。此前萨达姆主政时期的伊拉克也希望改变由美国掌控的石油贸易权，但随着伊拉克战争的爆发，伊拉克的经济遭到严重摧毁，一切也就无从谈起了。

作为仅次于沙特阿拉伯的第二大产油国，俄罗斯对于石油贸易也有着强烈依赖。在普京看来，由国家控制战略资源更加符合俄罗斯的利益，这对于恢复俄罗斯的国内经济和在国际上的影响力至关重要。普京将深受西方国家青睐的尤科斯公司全部资产并入俄罗斯国有石油公司之中，虽然引发了西方国家的强烈不满，但最终普京依然完成了对于国家能源系统的绝对垄断。

随着中国经济的持续高速发展，国内原油供应已经无法满足日益增长的生产需求，中国也越来越依赖于对外石油进口。由于在国际石油贸易中，以美国为首的西方国家占据着主动权，这使得中国在国际石油贸易中

第六章
能源危机与环境保护

处于十分不利的地位。为了改变这种地位，中国通过各种方式与产油国展开合作，降低石油进口的成本。

2009年，中俄原油管道俄罗斯境内段开工。同年5月18日，中国境内段开工。2011年，全长近千公里的中俄原油管道正式投产输油。中俄原油管道起自俄远东原油管道斯科沃罗季诺分输站，穿越中俄边境，途经黑龙江省和内蒙古自治区，止于大庆，管道在俄罗斯境内段长约72公里、中国境内长约927.04公里。设计年输油量为1500万吨，最大年输油量为3000万吨，是中国油气进口东北方向的一条战略要道。虽然并不能完全缓解中国在石油进口方面的劣势，但中俄原油管道的建设对于中国的石油进口具有重要意义。同时，随着在与俄罗斯和伊朗等产油大国在石油贸易中以人民币进行结算，中国正在一步步改变进口石油的不利局面。随着中国经济实力的增强，在国际石油市场上将会取得更大的话语权，从而可以更加顺畅地进行国际石油贸易。

能源的安全就是国家的安全

当今时代，科学技术的发展日新月异，作为推动人类社会向前发展的决定性力量，科学技术历来都受到人类的推崇。一个没有科学技术的国家是无法在世界舞台上立足的，这是一个不争的事实，所以每个国家都将科学技术作为发展的第一要义。对于普通人来说，科学技术同样具有重要意义，人类生活水平的提高正是得益于科学技术的发展。但很多时候，人们往往忽略了另外一个与自己生活息息相关的因素，那就是能源安全。

试想一下，如果我们的生活中缺少了能源将会出现怎样的情形？我们的各种电器没有办法使用，手机和电脑也无法接收信息，我们的日常出行也会受到影响。日本电影《生存家族》便展现了一个人类一瞬间失去能源的景象，不仅人们的日常工作和生活无法继续，国家机关的各项设施也无法正常运转，不仅人们的生活会陷入停滞，整个国家的发展也将陷入停滞。

当然，现代能源的缺乏并不会像电影中所表现的那样。但对于各个国家来说，能源安全却是一个十分现实且迫在眉睫的问题。从前面的章节中我们可以了解到，那些真正掌握能源的国家往往在能源贸易中占有重要地位，而发展越快的国家对于能源的需求也就越高。这便会不可避免地留下一个问题：如果能源供应国真的切断了对外能源供应，那么能源的需求国该怎么办？

在想象之前，我们先看看历史上曾经发生过的与能源安全相关的事件。在第二次工业革命之后，人类社会对于能源的依赖从煤炭转向了石油。可以说，内燃机对于石油的依赖使得一个国家的石油资源储量在一定程度上影响着这个国家的能源安全。能源安全不仅会引发一系列经济问题，而且很多时候还会引发局部或全面的战争。

在第二次工业革命之前，德国的工业发展与英国一样都是依靠煤炭作为燃料。德国鲁尔区之所以能够迅速成为世界上著名的重工业区之一，就是因为其丰富的煤炭储量，也正是由于鲁尔区的发展才为德国后来的崛起铺平了道路。

但随着第二次工业革命的到来，内燃机在19世纪下半叶开始普及，石油逐渐取代煤炭而成为最为重要的工业能源。这对于工业正处于上升发展阶段的德国来说并不是一个好的现象，虽然南部的巴伐利亚州的油井能够满足一定的能源需求，但对于逐渐壮大的德意志帝国来说，这些石油资源显然是不够的。这样一来，向外寻求廉价的石油能源便成为德意志帝国的

第六章
能源危机与环境保护

唯一选择。

当时德意志帝国希望与土耳其帝国和奥匈帝国一起建造一条横贯欧亚大陆的"柏林—巴格达"铁路来将中东地区的石油运送到德国,这样一来便能够满足自己对于石油能源的需求了。之所以选择建造这条漫长的铁路线,而不选择经由海路运输石油,主要因为当时中东地区的海上石油线已经完全被英国所占据。所以对于德意志帝国来说,修建这条铁路是获取能源的唯一选择。

虽然这种想法是好的,但想修建这样一条铁路却并不容易。因为根据规划,这条铁路必须要经过塞尔维亚境内。但在当时塞尔维亚政府却属于与德国对立的协约国阵营,因此塞尔维亚和罗马尼亚一起堵死了这条铁路的修建,一时间德国的能源安全遭到了严重威胁。后面发生的事情,就是大家在历史课本中所学到的,同盟国集团的奥匈帝国开始进攻塞尔维亚,第一次世界大战全面爆发。

塞尔维亚的阻挠无异于扼住了德国的脖子,为了从能源安全问题中摆脱出来,德国只得通过战争手段来解决。同样受到能源问题困扰的还有日本,作为一个土地面积较少的发达国家,能源问题对于日本而言显得更为严峻。

日本在19世纪时便开始快速发展,为了解决不断出现的能源问题,日本政府制定了自己的"大陆政策",希望占领朝鲜和满蒙后,以此为依托来逐渐蚕食中国,从而统一大东亚,创建所谓的"大东亚共荣圈"。

经过甲午战争、日俄战争和"九一八"事变之后,日本完成了占领朝鲜和满蒙的目标,同时也获得了大量战略物资,这为日本继续侵略中国提供了物资基础。但此时的日本仍然面临着严峻的能源问题,因为他们并没有从侵略战争中获得为坦克、汽车和轮船提供动力的石油资源。

原以为能够在三个月之内占领中国的日本，在发动了"七七事变"和"八一三事变"之后却慢慢陷入了中国战场的泥沼之中。能源问题更加严峻的日本只得向海外寻求石油资源，但此时美国却对日本采取了石油禁运的政策。最后的希望被切断的日本在几个月之后偷袭了美国的珍珠港，从而顺利取得了太平洋海域的管制权。

随后日本出兵占领了东南亚的油田，获得了大量石油资源。但由于日本本土距离东南亚较远，一旦失去在太平洋的制海权，日本的石油运输就会受到严重威胁。伴随着美国加入到第二次世界大战之中，美国的舰队逐渐在太平洋夺取制海权，失去了制海权的日本也因此失去了自己海上的石油运输线，这在很大程度上影响到日本在战争中的后续表现。由于中国军民的顽强抵抗，日本企图从陆路打通石油运输线的计划也宣告失败，日本彻底陷入到能源危机之中。

与日本的情况相似，如果仅仅依靠陆路进行石油等能源的运输并不可能满足高速发展的中国经济的需要，所以打通海上的贸易运输线是十分重要的。保障本国的能源安全就必须建设完备的能源运输通道，21世纪海上丝绸之路构想的提出正是基于这样的背景。

中国幅员辽阔、地大物博，并不像日本等国家由于国土面积狭小而资源严重匮乏。中国的煤炭产量虽然居世界第一位，但仍然需要大量从外国进口煤炭。而在石油方面，中国也在2017年3月超越美国而成为全球第一大原油进口国。经济的高速发展让中国对于能源的依赖变得越来越深。

中国虽然石油储量丰富，但是开采难度较大，大量的石油依然需要从国外进口。从20世纪90年代中国首度成为石油净进口国以来，中国的原有对外依存度已经从6%一路攀升到55%以上，早已突破了50%的警戒线。如此庞大的进口规模，很容易受到国际石油价格变动的影响，由于原油价格

第六章
能源危机与环境保护

已经与国际接轨，所以国内石油产业也将面临较大风险。

与此同时，中国的石油工业还存在缺乏创新、技术实力较弱等问题，这都将会对中国的能源安全造成不利影响。在能源结构方面，虽然近几年国家正在不断扶持新能源产业，但现阶段石油和煤炭等碳基能源依然是中国的主要消费能源。这些能源不仅会对环境造成严重污染，同时在经济效益方面也无法匹敌新兴能源。所以，改变能源结构是中国当前维护能源安全的一个重要举措。

中国的经济发展离不开能源的使用，而高效的能源利用率将会促进中国经济更加快速地发展。能源安全不仅影响着一个国家的经济发展水平，同时还影响着整个国家的安全稳定。所以，确保能源安全就是确保整个国家的安全。

世界能源格局大洗牌

一场席卷全球的金融危机，让许多国家多年来积累的经济优势荡然无存，全球的许多国家都陷入了经济衰退之中。不仅国内市场消费减少，国际市场上的消费也开始减少，这或多或少地影响到了国际能源市场。

随着世界主要国家从经济危机之中恢复过来，对于能源的需求又开始进一步增加，国际能源贸易又再一次活跃起来。但不同于以往的是，人们发现世界能源格局在经过经济危机的洗礼之后已经呈现出了一种新的变化。其中，以前的能源进口国发展成了能源出口国，而能源市场的份额也发生了较大改变，原本只能占据较小份额的发展中国家却占据了较大份额的能源市场。

随着发展中国家工业化进程的不断加快，以及西方发达国家对于环保能源的使用，煤炭和石油能源消费的巨大份额将会从西方市场逐渐转移到东方市场。早在2014年中国的煤炭消费量就已经达到了35.1亿吨，占世界煤炭消费总量的一半。而美国的煤炭消费却在持续下降，所占份额也不及中国。

同年，中国的原油消费量已经超过5亿吨，占到世界石油中长链的10%以上。在1993年，由于中国经济的飞速发展，能源消耗量持续增长，中国成为石油净进口国。到了2017年4月，中国已取代美国而正式成为全球第一大原油进口国。

作为当前最为主要的能源，中国等发展中国家对于石油的消费量还会持续增长，而西方发达国家对于石油的需求量则会不断减少。这样一来，西方市场对于石油的市场消费份额就将会不断缩小，而中国等东方国家的石油消费份额将会继续增长。最终，中国的石油进口量将会远远超过美国而占据世界最大石油进口国的地位。

同为亚洲国家的印度同样对于石油有着较高的消费需求。印度的工业化刚刚起步，在未来的经济发展过程中，石油将会成为其重要能源。很有可能在多年之后，印度将会成为另外一个在石油消费量上超过西方的亚洲国家。

除了中国和印度之外，许多东方国家正在开始从农业化过渡到工业化社会之中，相对于已经完成工业化进程的西方发达国家来说，这些东方国家对于石油能源有着更加强烈的需求。所以，可以预见的是，在未来的几年时间中，亚洲国家将会成为石油能源的重要消费国，而国际能源消费的重心也将会从西方的欧美市场转移到东方市场之中。

观察现今世界的能源消费格局是亚洲国家对于能源的需求越来越大，而欧美国家正处于能源结构的调整期，对于化石能源的需求将会下降，新

| 第六章 |
能源危机与环境保护

能源将成为发达国家的主要选择。而这样的国际能源消费格局将很可能会造成一种常规能源生产过剩的问题。

其实,作为世界最大的煤炭产地和消费国,中国的煤炭行业面临着严重的产能过剩问题。2014年,中国的煤炭产量达到了38.7亿吨,而实际的市场需求却只有35.1亿吨,如果完全按照当时的产能来进行生产的话,中国将会出现3.6亿吨的产能过剩。产能过剩不仅会带来煤炭价格的整体下降,同时还会降低煤炭企业的经营利润,从而造成企业的亏损。

来自中国煤炭工业协会的数据显示,2015年大型煤炭企业亏损面已超过90%,行业利润总额仅为441亿元,是2011年时的十分之一,而负债总额则同比增长10.4%至3.68万亿元,90家大型煤炭企业负债总额高达3.2万亿元。为了解决这一问题,国家出台了多项措施来进行供给侧改革,为产能过剩行业去杠杆。

不仅是煤炭行业,全球石油行业也面临着产能过剩的局面。从国际能源组织的评估可以知道,当前全球的炼化能力已经可以满足世界20年之后的石油需求,但全球的石油产能仍然存在着继续扩大的趋势。

即使有些国家对于石油等化石能源的需求已经开始减退,但其炼化产能却并没有相应缩小,由于市场对于石油等资源的需求仍然在不断攀升,所以大多数国家都希望能够在这块市场中获得一定利益。这样一来,扩大自己的炼油能力来满足市场的蓬勃需求便成为市场发展的主要趋势。所以,现在的国际石油产业不仅有需求的国家在扩大产能,需求减退的国家同样在扩大产能。可以想见,石油的产能过剩将会是迟早的事情。

西方发达国家对于新能源需求的增加还会使得新能源在国际能源市场上的地位不断提高。环境问题是整个世界共同面对的问题,由于发达国家在工业化进程中对于化石能源的过度使用使得全球环境开始不断恶化,因此，寻找到一个可持续发展的再生能源便成为诸多国家的共同目标。

作为比化石能源更加清洁的能源，可再生能源将会在未来的国际能源格局中扮演重要角色。在发电领域，据国际能源署预测，2035年可再生能源发电将占全球发电量的一半，在全球发电总量中的占比将增加至31%，成为电力行业最主要的燃料。在这一时期，欧盟将会引领全球可再生能源的使用。而到了2035年，中国将会成为可再生能源发电增幅最大的国家，超过欧盟与美国的总和。

国际能源机构的报告认为，中国的能源结构将会逐步转换到清洁发电，强大的部署和有力的政策持续降低了可再生能源的成本，而太阳能光伏发电将成为中国最为经济的发电方式。以水力、风能和太阳能光伏引领的低碳装机容量将会迅速增长，到2040年将会占总装机容量的60%以上。同时，煤炭在中国一次能源结构中的份额将会缩减，而天然气的需求将会逐渐上升。到2040年，天然气在中国主要能源结构中的份额将会从不到6%上升到12%以上。

在全球的能源消费结构中，可再生能源的占比也在不断提高，现阶段可再生能源的占比为20%，根据国际能源机构的推测，在未来20年中这一数字将会提高一倍。中国的水力发电总量不仅居于世界首位，更是远超欧美等国的总和。

可再生能源作为一片还未完全开发的蓝海，将会成为世界各国着力探索的关键领域。虽然现阶段石油等化石燃料依然是各国经济发展的主要能源，但在未来的10年、20年之后，石油在世界能源消费结构中的地位必然会被其他能源取代，可再生能源必然会成为世界能源舞台上一颗闪亮的新星。

| 第六章 |

能源危机与环境保护

页岩气革命,未来的"石油战争"

页岩气是指赋存于富有机质泥页岩及其夹层中,以吸附和游离状态为主要存在方式的非常规天然气,其成分主要以甲烷为主,是一种清洁、高效的能源资源和化工原料。页岩气可以被用于日常燃气、城市供热、发电、汽车燃料和工业生产之中,具有极其广泛的用途,因此页岩气的使用前景十分广阔。

页岩气的生产周期较长,一般为30年到50年,不仅储量丰富,而且勘探开发的成功率也很高,具有较高的工业经济价值。根据国际能源署的统计,全球的非常规天然气要远超过常规天然气。而在所有非常规天然气之中,页岩气的可采储量则占63%。

近年来,"页岩气革命"成了国际社会热议的一个名词。虽然带有"革命"二字,但"页岩气革命"却并不激烈,反而早已平静地持续了很长时间。"页岩气革命"其实就是说现阶段全球掀起的页岩气开发的热潮,实际上,这是美国以一种经济高效的方式来实现对页岩气的大规模商业开发,从而改善自身能源供需结构,提高能源自给水平的一个过程。

虽然进行的过程十分平静,但"页岩气革命"所带来的影响却是以令世界震动。这场"页岩气革命"不仅改变了美国的能源结构和能源战略,同时也极大地影响了整个世界的政治格局。"页岩气革命"并没有"革掉"煤炭和石油等常规能源的命,但在很大程度上却"革掉"了全球能源输出国的命,因为美国借此从能源进口大国已经转变为了能源生产大国。

很多人认为这场"页岩气革命"是在近几年才开始的,但实际上,美国对于页岩气的开发早在1821年时便已经开始了。但由于前期并没有真正形成产业化生产，所以页岩气还并没有发挥出巨大的"能量"。到了1976年，美国政府开始积极推进页岩气开发的产业化，但这个过程依然持续了30年之久。在这段时间中，美国积累了丰富的经验以及技术，这也为2000年美国开始对页岩气进行大规模商业开发提供了条件。

世界页岩气资源的储量约为457万亿立方米，与常规天然气资源相差不多，而其中依靠现有技术可以开采的页岩气资源量为187万亿立方米。按照全球页岩气技术可采资源量排名来看，中国以36万亿立方米居于第一位，美国以24万亿立方米占据第二位，剩下的依次是阿根廷、墨西哥和南非。既然中国的页岩气资源最为丰富，那为什么中国没有大面积开发利用这一资源呢？在解答这个问题之前，我们先看看美国的页岩气开发对美国产生了怎样的效果。

从2000年正式开始商业开发后，美国已经在多个盆地地区进行页岩气的商业性开采。到2005年，美国的页岩气产量已经达到198亿立方米。而到了2014年，这个数字则变成了3400亿立方米。而相对来说，中国在2014年天然气的总产量为1329亿立方米，仅从数据上来看，美国与中国之间便拉开了较大距离，而这还仅仅是美国在页岩气一项上的开采量。

我们知道，美国一直都是石油的进口大国，为了牢牢将石油在国际市场中的主导权控制在自己手中，美国在许多世界重要的产油地区都保存着军事存在。在特殊情况下，即使发动战争也要保证本国的能源安全。当然，这也为美国制造了一系列难以解决的问题，巨额的军费开支、不断上涨的财政赤字都成为限制美国经济发展的重要因素。但是，面对这样的局面，美国也没有选择，美国绝对不会放弃对于国际能源的控制权，即使是负债累累、陷入经济危机之中。

但现在美国多了一种选择，页岩气的大量开发及应用让美国天然气的

第六章

能源危机与环境保护

价格不断下降，同时还为工业生产寻找到了一种新能源。这让美国在很大程度上获得了能源的独立，以至于美国可以不再一味地依靠进口石油来维持自身经济的发展。

页岩气的开采同时带动了美国相关产业的发展，为美国人提供了上百万个工作岗位，让美国的工业和制造业开始逐渐走出衰败的阴影，也使美国率先走出了经济危机的阴霾。

更为重要的一点，在前面我们也曾提到过，在降低了对石油资源的依赖后，美国提高了对能源的自给率。如果页岩气产业继续蓬勃发展的话，美国将会成为一个能源大国，不仅能够实现能源的自给，同时还会开始对外输出能源。这对于美国，甚至是全世界来说，都将是一件影响深远的大事。

摆脱了外在的能源危机，美国便可以腾出更多的时间和精力用于在全球范围内传播自己的"文化"和"价值观"，不仅能够实现对于欧洲各国的能源控制，同时还可以打击俄罗斯在国际能源市场上的地位。当然，在亚太地区，美国也可以更加肆无忌惮地维护"地区的和平与稳定"了。

"页岩气革命"不仅改变了美国在国际能源市场上的地位，同时也增强了美国的外交实力，进一步确保了其经济霸主的地位。既然通过页岩气的开发美国取得了如此良好的成绩，那作为页岩气储量最多的国家，中国为什么不紧跟美国的步伐呢？

我们再来看看美国成功进行"页岩气革命"的条件。首先，美国拥有长期的技术积累，通过30年时间对于页岩气的基础地质研究，美国的水平井钻井技术、水力压裂技术和其他相关的技术促成了美国页岩气革命的成功。其次，美国不仅页岩气的储量较大，而且很容易开采。美国的页岩气多为海相沉积、储层连续、厚度大、埋深浅，多数都不超过2000米，可以说是全球地质条件最好、最容易开发的地区。另外，美国的页岩气市场也较为成熟，专业化程度更高。美国页岩气开发的专业程度极高，从而使得开采成本较低，这也是美国的页岩气能够实现商业开发的重要原因。不仅开发成本较低，美国还在很早时就建设好了全世界最为发达的油气管网，从而也降低了页岩气的运输成本。而由于美国土地和矿产资源的私有政策大大提高了工程的效率，发达的资本市场也为页岩气的开发提供了足够的资本支持。

而与美国相比，中国在页岩气开发方面还存在诸多困难。首先，中国的页岩气资源总量虽然十分丰富，但真正适合开发的区域并不多，不仅开采井深较深，而且较好的海沉积区块都集中在地势不平的区域，适合开发的地块都是农业区，所以在开发方面需要进行多重考量。

中国的页岩气开发起步较晚，在2009年才出现了第一份评估报告。虽然起步较晚，但是在技术研发方面也已经取得了一定进步。页岩气的开发对于缓解中国的能源危机具有十分重要的意义，伴随着国家政策对于页岩气开发的支持，中国的页岩气产业也将会越走越远。

但在页岩气开发方面还存在着一些必须要注意的问题。

一方面，页岩气存在于较为紧密的页岩之中，所以需要利用水力压裂技术才能进行开发，在这个过程中将会消耗掉大量水资源。对于水资源缺乏的国家来说，页岩气的开发很可能会造成水资源加剧紧缺的局面。

另一方面，在开采页岩气所用的压裂液中含有超过500多种化学添加剂，很容易对地下水资源造成污染，所以在进行页岩气开发时一定要加强对开发工作的监管才行。同时，一些科学观点认为，页岩气开发过程中可能会对于地质结构造成影响，从而引发局部地震的发生。而如果是在特殊地貌地区开采的话，这种情况发生的可能性将会更高。

第六章

能源危机与环境保护

作为最有可能替代石油的能源,页岩气的开发利用为人类提供了一个新的选择。面对日益严重的能源危机,页岩气的开采利用更显得意义非凡。当然,中国的"页岩气革命"可能还有很长的一段路要走,整个过程也必然会充满着艰辛,但相信通过科学家们的努力探索,中国总有一天也能够实现页岩气的有效开发及应用,从而摆脱能源危机的威胁。

环境问题不是阴谋,环境谈判是阴谋

美国是当今世界上最发达的大国,按理说美国人的平均受教育水平应该也很高才对,然而据媒体统计,当今美国相信阴谋论的人数比例之高甚至远远高于中国。

最近几年,一个阴谋论在美国民间散布得很广。其内容就是,现在人类面临的所谓严重的环境问题,其实都是科学家和政客的阴谋,为的是用恐吓的手段来绑架公众,来达到他们不可告人的目的。

美国民间蠢人的想法我们不管,但从我们自身来看,环境问题我们是确确实实感受得到的。空气质量问题、水资源短缺、土地污染、森林覆盖面积下降等,这些问题已经给我们的生活造成了困扰。

当然,也许有人会说,这些问题只在我国存在,其他国家未必有,那么全球气候变化则是每个人都逃不掉的了。

只有留心的读者都会发现,最近十年气候反常得厉害,而所谓反常,不就是气候恶化吗?这就是全球气候变暖给我们带来的影响。

其实就当今世界来说,人类面临主要的环境问题表现在三方面:气候问题、能源问题、污染问题。这三方面问题又各有很多不同的具体表现,以至于全世界的人都身受其苦,概莫能外。总而言之,环境问题已经到了

迫在眉睫的地步，国际社会非要下大力度将这些问题解决掉，否则人类很可能真的会没有未来。

那么，人类社会是怎样做的呢？可以这样说，最近十几年，国际社会确实在环境问题上下了很大功夫。

巴黎气候协定、坎昆谈判、联合国能源会议、哥本哈根谈判，一次次国际会议的召开，一次次国际谈判的唇枪舌剑，人类都在寻找解决环境问题的方法。从这个角度上看，似乎人类对于解决环境问题已很有信心。然而，实际情况却不是这样的，虽然环境问题绝非阴谋论，然而这一次次的环境谈判却是实实在在的阴谋，而主导这些阴谋的就是西方国家。

全人类生存在一个地球上，环境问题与每个人都息息相关，所以西方国家提出每个地球人都要为环境问题负起责任来这句话是没有任何问题的，然而，到了该怎样负责的问题上西方国家便开始耍花招了。

对气候问题持续关注的读者应该还记得10年前的哥本哈根气候会议，在那次会议上，西方国家提出了数个减排方案。所谓减排就是减少碳排放，因为碳是导致气候变化的重要因素，工业发展和人类活动都需要排放大量的碳，所以减少碳排放对于防止气候变暖至关重要。

然而，就是在这次会议上，发达国家提出的方案让人瞠目结舌。当时中国媒体有过报道，西方国家制定了一个总数，然后又给自己制定了一个数，至于发展中国家他们没有限制。然而傻子都懂得，总数减去发达国家自己的数，不就是发展中国家的上限吗？

这个数字是多少呢？发达国家要求分得今后碳排放空间的44%，那么他们的人口占地球多少呢？发达国家的人口只有11%。这笔账算下来，发达国家人均碳排放是发展中国家的8倍左右。而且，发达国家还不提他们的历史排放要比发展中国家多很多这个事实。

| 第六章 |
能源危机与环境保护

如果读者不理解这个数字，我们可以举个例子来说明一下：

一个食堂有一桌子饭，有11个人先跑进去偷偷吃了早饭和中午饭，然后到了吃晚饭的时候，大家发现桌子上的饭不够吃了，这时候这11个人说："为了大家考虑，咱们分一个定额，我们11个人只要这桌子上的44%，剩下的都给你们89个人！"

看到这个例子，相信即便是脾气再好的人也会说这11个人无耻了。那么，西方国家怎么就敢于提出这样无耻的方案呢？其原因是，他们认为自己在历史上排放了很多碳，现在大幅度减少已经是很大的让步了。但是，他们却不考虑发展中国家在历史上的碳排放量，这就是明摆着耍无赖了。

就像该例子一样，这11个人偷吃了早饭和中午饭，然后说"为了所有人考虑，晚饭我们就少吃一点"，这话听着怎么都觉得是在糊弄小孩子。但西方发达国家就敢这么明目张胆地玩弄阴谋，原因何在？因为他们有强大的经济作为后盾。

环境问题对于每个人都一样，但对于每个人的影响程度却是不同的。虽然全世界都面临着同样的问题，但经济基础好的国家无疑能够有财力把问题暂时控制住。也就是说，板子打在每一个人身上的疼痛感是不同的，发达国家可以暂时忍住。

况且，发展中国家本身也不是铁板一块，发达国家很容易团结起来，但发展中国家却往往在发达国家的金钱攻势下被打得如同一盘散沙。

比如，某个小国受发达国家的经济威胁，很有可能在谈判中脱离发展中国家阵营而替发达国家说话，这样就会让发展中国家阵营很难团结起来与发达国家斗争。

而且，这里还有一个重要的阴谋存在，那就是大量环境保护、能源、污染治理技术都掌握在发达国家手中。发达国家制定严苛的标准，并逼迫

发展中国家遵守，然后通过技术转让等方式实现对发展中国家的再剥削。

说句玩笑话，就是逼着你学习打麻将，然后再卖给你麻将机。如果发展中国家真的任由发达国家摆布，说得严重一点，世界再出现19世纪那样发展中国家被发达国家殖民控制的现象也不是没有可能。当然，新一次的殖民只是经济和政治的控制，而不是传统意义上的殖民。

气候问题是这样，污染问题、能源问题也好不到哪里去，西方国家几乎都在表面上装出一副为了人类未来的伪善面孔，但背后却有无数的阴谋诡计等着我们。在全人类岌岌可危的状况下，西方国家还有如此行为，不能不叫人心寒。

与发达国家不同，中国近些年在环境问题上的表态和行为反而获得了国际上的一片赞誉。西方媒体甚至少见地赞扬中国开始发挥一个大国负责任的态度，而相比之下，西方那种阴谋伪善更是显得十分可耻。尤其是最近一段时间，作为世界第一大国，美国公然退出巴黎协定，更是让全世界哗然。

从人类共同的利益出发，环境问题是一定要解决的。而且，我们中国人在这一点上已经做出了表率。但是，无论我们怎样做，我们毕竟是一个发展中国家，发展是我们的第一要务。环保问题任重而道远，在国际社会普遍关注但西方国家一味耍阴谋的当下，环境问题到底会何去何从，可能还需要经过漫长的斗争和博弈才会看到真正的曙光。

第七章

世界工厂与产业布局

经济全球化的"阴谋"

经济全球化的概念最早由T·莱维在1985年提出。国际货币基金组织认为，经济全球化是指跨国商品与服务贸易及资本流动规模和形式的增加，以及技术的广泛迅速传播使世界各国经济的相互依赖性增强。而经济合作与发展组织则认为，经济全球化可以被看作是一个过程，在这个过程中，经济、市场、技术和通信形式都越来越具有全球特征，民族性和地方性在减少。

经济全球化是当前世界经济的重要特征，同时也是经济发展的重要趋势。自从20世纪90年代以来，以信息技术革命为中心的高新技术迅猛发展，逐渐使得世界经济融为一个整体。经济全球化推动了全球生产力的发展，促进了世界经济的迅猛发展，让更多国家从全球贸易之中获得利益，并逐渐发展壮大起来。

在经济全球化进程的初期，由于发达的资本主义国家在其中占据优势地位，所以在制定贸易规则方面具有极大的发言权。通过控制国际组织，发达国家在全球化进程中成了主要的受益者。

对于发展中国家来说，经济全球化让资源在全球范围内快速流动，通过引进先进的技术和管理经验来不断促进产业的升级，增强经济实力。另外，也是通过外来资本的注入，扩大就业，从而充分利用自身劳动力资源丰富的优势。庞大的国际市场同时也为发展中国家产品的销售提供了保障，通过对外投资和扩张，发展中国家的企业也逐渐融入国际市场之中，以便获得更大的利益。

经济全球化对于发展中国家的经济发展具有很多好处，这也使得越来越多的发展中国家迫切地希望融入国际市场之中。从某种程度上说，这也进一步促进了经济全球化的发展进程。但凡事有利便有弊，经济全球化也是一柄"双刃剑"，其能够为发展中国家带来好处，同时也给发展中国家的发展带来了较大风险。

经济全球化是在一种并不公平合理的国际经济旧秩序下形成的，并且在发展过程中，西方发达的资本主义国家始终占据着主导地位和绝对优势。经济全球化所体现的是资本主义的内在本质和规律，而资本主义本身存在的诸多弊端自然会对经济全球化造成不利的影响。

少数资本主义大国经常插手他国的政治经济事务，以经济全球化和自由竞争为名破坏平等互利的合作原则。资本主义的经济危机借由经济全球化的网络不断扩张、传播，对于发达的资本主义国家来说，经济全球化正是自己扩散危机、消解危机的好方法。经济危机让处于全球化进程中的发展中国家苦不堪言，地区冲突和政治危机随处可见，大大增加了国际政治

第七章
世界工厂与产业布局

经济的不稳定性和不确定性。

经济全球化在不断加深世界各国于经济方面联系的同时,也使得一个国家的经济波动可能影响到其他国家,甚至影响到整个世界的经济发展。尤其是对于经济基础相对薄弱的发展中国家来说,在经济安全方面产生了严重的威胁。

对于以基础产业为主的发展中国家来说,经济全球化不仅带来了机遇和挑战,同时还有一种无形的影响需要发展中国家来面对,这里我们来举一个简单的例子。

一名咖啡种植商如果将自己的咖啡豆卖给本地收购者的话,价格大约在每千克14美分。而接下来这个收购者将咖啡豆转卖给加工咖啡豆的工厂的价格则是每千克19美分。经过工厂加工过的咖啡豆价格是每千克24美分,如果再将这些咖啡豆运到中心城区销售的话,运费的支出为每千克2美分。可以看到,这时咖啡豆的价格已经上升到了每千克26美分。

这还没完,这些经过加工的咖啡豆只有优质的才能用于出口,所以还要对这些咖啡豆进行挑选、分级和确认。这一系列环节下来,挑选出来的优质咖啡豆将会被用于出口。这时,当这些咖啡豆从原产地被运到咖啡豆销售商的工厂时,价格已经达到了每千克1.64美元,与最初的咖啡豆的成本价相差了10倍。

当然,如果想要更好地将咖啡豆销售出去,还需要进行下一个步骤,那就是将咖啡豆磨碎。销售商将咖啡豆磨碎之后,制作成商品后的价格是每千克26.4美元。还没有加入广告宣传和包装的价格,咖啡的价格就已经比成本价高出200倍了,这其间的利润可以说是相当丰厚的。

但是,在这一系列环节之中却存在着一个问题——咖啡价格的成倍增长是否提高了咖啡种植者的实际收益呢?我们继续回顾一下整个环节便会

发现，无论咖啡的价格如何翻倍，最初咖啡种植者获得的利润却并没有增多。而如果咖啡种植量增多的话，咖啡种植者的收入还会继续降价，但是其他环节相对来看，利润则会出现上升。

而在这个故事之中，大多数发展中国家往往是咖啡的种植者，发达国家则是咖啡的销售者，所以这样看来发达国家似乎只是在利用发展中国家的资源为自己牟利罢了。那既然如此，为什么发展中国家的农民不选择种植其他作物呢？原因还是在经济全球化身上。

经济全球化让种植者没有办法去更好地判断哪种作物更容易在国际市场上获利，而土地在很大程度上又限制着种植者对于种植作物的选择。发达国家可以对种植者进行补贴，从而保证种植者获得合理的收益。但发展中国家却没有办法这样做，这样一来发展中国家的商品在价格方面便失去了竞争力。最后，发达国家将发展中国家的资源加工成商品，再高价卖给发展中国家以获取大量经济利润。

这一现象不仅在农业领域，在制造业方面表现得也更加明显。发展中国家拥有大量的廉价劳动力以及土地资源，经济全球化使得发达国家的资本纷纷流入发展中国家。从表面上看，这不仅提高了发展中国家的就业率，同时也促进了发展中国家工业现代化的发展，其看上去是"有百利而无一害"的事情，但实际上在这背后却隐藏着种种显而易见的"阴谋"。

发达国家将工厂迁移到发展中国家，利用廉价的劳动力资源和土地资源，同时还可以就近利用当地的资源。这样一来不仅大大降低了成本，同时还为自己开拓了广泛的市场。另外，在工业化生产过程中，环境污染始终都是一个无法避免的问题，而发达国家将工业企业迁移到发展中国家之后，环境污染自然而然地就来到了发展中国家。

所以，在经济全球化发展的这些年中，发展中国家的经济确实取得了

第七章
世界工厂与产业布局

极大发展，但同时其生存环境也付出了相应的代价。但实际上，仔细算来，发展中国家的经济再发展，其与发达国家之间的经济差距依然很大。因为在全球化过程中，发展中国家更多地出卖了自己的资源，但发达国家却通过加工发展中国家的资源，又将相应的商品卖给了发展中国家。

当然，以中国为代表的发展中国家即使是在这样的背景之下依然在经济建设方面取得了卓越成就。而眼看着领先优势被一步步蚕食，少数发达国家便开始利用各种各样的经济政策来抑制其他国家的发展，利用自身优势的经济地位，修改经济政策来让资本回流本国，从而达到优先发展自身的目的。

因为主导权在发达国家手中，所以经济全球化要如何运作、怎样发展，这些问题都需要按照发达国家的意志来进行安排。发展中国家虽然是全球化进程中的一员，但却并没有办法改变这种局面，经济实力决定着话语权，无论全球经济如何紧密地结合在一起，最后掌握主动权的依然是拥有强大经济实力的发达国家。

所以有人说，经济全球化其实是一个"阴谋"，是发达国家为了寻求自身发展而描绘出的一个"陷阱"。我们无法对这个论断多加评价，但正如前文所说，经济全球化是一柄"双刃剑"，对每一个身处其中的国家都一样。

产业分工，好处是有钱人的

谈到分工，在大多数人眼中这是一件优势互补的事情。在一个群落中，女人负责洗衣做饭，男人负责捕鱼狩猎，双方发挥出各自的能力优势来保证部落的和谐发展。在一个工厂中，一部分工人负责精细化操作，另一部分工人负责重体力工作，依据各自不同的能力来保证工厂生产的正常运行。在一个国家中，一部分人负责耕种土地，一部分人负责工业生产，依据各自不同的能力来促进国家的不断富强。

按照上面这样的分工划分，在一个世界中，一部分国家负责提供先进技术，一部分国家负责提供自然资源，依据各自不同的特长来保障世界的和谐稳定。看上去这样的分工是十分合适的，有资源的国家提供资源、有技术的国家提供技术，这样的交易对于双方似乎都很划算。

但如果仔细回顾前面章节中我们所讲的内容就会发现，这样的分工对于提供资源的国家来说并不划算。在这里我们首先应了解一下国际产业分工的发展历史，这样我们将会更好地理解为何在产业分工之中财富越多的人越能分得更多的财富。

生产力的发展促进社会分工的出现，在原始社会，社会发展主要局限在部落之内。而到了资本主义正式在全世界范围内确立之后，国际分工才开始慢慢发展起来。

首先，在第一次工业革命期间，先进生产工具的出现促进了生产力的提高，同时也让分工开始逐渐加深。率先完成工业革命的国家首先进入到了工业化生产之中，而没有完成或进行工业革命的国家则仍然处于农业生产阶段。

到了第二次工业革命期间，先进技术进一步促进了生产力的发展，国际分工也变得更加精细。率先完成工业革命的国家在先进机械设备的助力下，其工业发展也开始继续细分为不同的行业。从工业化程度来看，这些国家依然领先于其他国家。

到了第三次科技革命时期，越来越多新技术的出现让国际分工的形式和趋向都发生了极大改变，原本发生在部门间的专业分工开始逐步向部门

第七章
世界工厂与产业布局

内的专业化分工方向迅速发展。这就使得任何一个国家,即使是专业技术最为发达的国家也无法生产出自己所需要的全部工业产品。

从这一时期开始,国际分工和国际贸易变得越来越普遍,而少数发达国家则逐渐发展成为资本和技术密集型产业国家,大多数发展中国家则发展成为劳动密集型产业国家。随着国际经济格局的改变,国际分工也进一步加深。发达国家开始实行部门内的国际分工和生产专业化,而发展中国家则开始组成地区性的经济集团来发展他们之间的国际分工。

之所以出现这样的国际分工形式,主要是由于各个国家在科学技术水平和生产力水平发展上存在着较大差异。同时,人口数量、土地面积和国内市场的大小也决定了大多数发展中国家在最初只能依靠劳动密集型产业来求得发展。

如果按照参加国际分工经济体的生产技术水平和工业发展情况的差异划分,我们可以将国际分工分为垂直型经济分工和水平型经济分工两种。简单来说,垂直型经济分工主要存在于经济技术发展水平相差较大的经济体之间,我们可以理解为发达国家与发展中国家之间。而水平型经济分工则主要存在于经济发展水平相同或者相近的国家之间,例如在发达国家与发达国家间,或者是发达国家与经济水平较高的发展中国家之间。

在水平型经济分工之中,根据比较优势原理,一国在两种商品生产上较之另一国均处于绝对劣势,但只要处于劣势的国家在两种商品生产上劣势的程度不同,处于优势的国家在两种商品生产上优势的程度不同,则处于劣势的国家在劣势较轻的商品生产方面具有比较优势,处于优势的国家则在优势较大的商品生产方面具有比较优势。

这样两个国家便可以将其具有比较优势的商品用于出口,而进口自己处于比较劣势的商品,两个国家在双方的贸易行为中便都可以获得利益。

按照比较优势来进行国际贸易可以做到优势互补，对两个国家的经济发展都具有促进作用。

但在垂直型经济分工中，发达国家依靠资本和技术占据着优势地位，而发展中国家则依靠劳动力和资源处于不利地位。看上去这种国际产业分工体现了物尽其用、优势互补的原则，符合比较优势理论的要求，但实际上，这种产业分工的结果只会造成"贫者越贫，富者越富"的结果。

我们用一个例子来说明这个问题。假如两个国家都要生产手机，但A国家生产的手机在硬件质量上世界领先，而B国家生产的手机在软件的质量上世界第一。如果双方继续各自生产自己的手机，最后两种手机的质量都不够完美。理想的状态是A国家负责手机硬件，B国家负责手机软件，从而可以共同生产出一种完美的手机。

但在现实的国际贸易之中，发达国家不仅在手机硬件生产上领先于发展中国家，其在手机软件的生产上也处于领先地位。这样一来，发达国家自己就能够制造出完美的手机了，根本不需要发展中国家帮忙。但发展中国家需要资金来发展经济，即使造不出完美的手机来也要与发达国家进行贸易往来，那就只能寻找自己具有比较优势的商品与发达国家交易了。找来找去，发展中国家具有比较优势的也就只剩下自然资源、劳动力和土地了。

但很明显，一部手机的价格和制造手机的原材料的价格要差很多，发达国家用一部手机往往能够从发展中国家换回10部手机或者100部手机的原材料。发达国家可以一直生产手机，但发展中国家的自然资源却并不是一直都存在的，苹果手机可以出到第8代甚至是第18代，但一个国家的自然资源却只能够几代人使用。

如果更加准确地描述这个例子，那就是在国际分工之中从事工业品贸易，尤其是高端工业品贸易的一方要远比从事自然资源贸易和原材料贸易

第七章
世界工厂与产业布局

的一方更加占有优势。很多时候，发达国家与发展中国家的贸易往往是工业制成品与原材料之间的贸易。如果按照等值计算，发达国家大量的工业产品将会很快掏空发展中国家的自然资源。

所以，现在许多发展中国家都在强调产业升级，让自己走出基础性产业，发展高技术、高价值的新兴产业。但这不仅有技术方面的限制，因为没有充足的资金做支持，如何进行产业升级，如何提高产品的附加值？而且资金又从哪里来呢？当然不能自己造，还是要从国际贸易中去获取。这样一来，又自然会陷入国际分工的"陷阱"之中。

对于发展中国家来说，这是一个无法避免的过程，中国也经历了这一过程。但随着经济水平的不断提高，中国已经渐渐走出这个"陷阱"，通过一系列的产业升级逐渐淘汰掉那些消耗资源、危害环境的旧产业，大力发展高技术水平的制造业，从而提高了在国际贸易中的竞争力。

新时代的全球产业链格局

随着经济全球化的不断深入，国际分工格局也开始加快由产业间分布向产业内分布的转化，以产业链的纵向分离和协调为重要特征的全球一体化的生产、流通局面逐渐形成。全球产业链的产品及服务的价值创造活动分布在不同国家和地区，从而为这些国家和地区嵌入该产业链，实现产业调整和自主创新能力提供了机遇。

全球产业链是指在全球范围内为实现某种商品或服务的价值而连接生产、销售、回收至处理过程的跨企业网络组织，它包括所有参与者和销售活动的组织及其价值、利润的分配。由于其最终目的是追求利益的最大化，这就使得许多以前在一个地区可以完成的产品被分解为几个独立的部分，每一个部分都在那些能够以最低成本完成的地方生产。正因如此，全球范围内才形成了一个庞大的产业链条。

全球产业链的形成是全球化的一个必然结果，而其发展和完善又促进了国际间的分工与合作，从而反过来推动了全球化的发展。

在20世纪80年代末，世界各国间经济增长的一个重要动力就是对外贸易。由于各个国家和地区在资源及技术能力方面存在着较为明显的差异，这就使得各个国家和地区可以通过相互贸易的方式来获得利益。通过与周边国家的对比，找到自身具有"比较优势"的产品进行贸易交换。

到了20世纪90年代，全球范围内的产业链开始形成。全球产业链的发展经历了从不同产业的全球分工到产业内全球分工，进而又到企业内全球分工的过程。大量的资本、人才和技术开始在世界范围内流动起来，深刻影响到世界经济的格局。

正如前面的章节中所讲的，在这种全球产业链条之中，西方发达国家往往处在链条的顶端，而大多数发展中国家则处于链条的底端。发达国家在全球分工中主要负责高新技术的研究，从而赚取绝大多数利益，而发展中国家则更多地发展劳动密集型产业，依靠廉价劳动力获得利润收益。

在这一基础上形成的全球产业链中，发展中国家明显处于一个不利的地位。但由于经济发展程度的不同，在当时，发展中国家只能选择发展一些劳动密集型产业或是资源密集型产业来谋得本国经济的发展。

随着发展中国家经济的发展，以及国际市场上各种因素的改变，近几年来，全球产业链正在发生一些结构性的变化。其中，发达国家制造业的"逆向回流"和发展中国家制造业的"高端跃升"成为这种变化中最为主要的两个方面。

2008年国际金融危机的爆发之后，西方发达国家的经济发展受到了严

第七章
世界工厂与产业布局

重影响。但同时,这次危机的发生也让西方发达国家认识到了实体经济的重要性。依靠金融、保险等第三产业的繁荣,发达国家积累了大量财富,但经济危机发生之后这些第三产业却明显缺乏应对能力。而相反,以制造业为代表的第二产业为减轻经济危机提供了重要支持,从而帮助多数发达国家度过了经济危机的困难时期。

随着国际分工的发展,西方发达国家纷纷将制造业转移到发展中国家,利用廉价的劳动力和土地资源来获取更高的收益。在这个过程中,发达国家确实获得了较高的收益,但从客观方面来看,这种做法也促进了发展中国家制造业的发展,进而促进了发展中国家的经济腾飞。中国、印度以及东南亚的一部分国家正是利用这一契机逐渐发展起来的。

而对于发达国家来说,这一做法更为严重的一个后果就是发达国家自身的制造业在国民经济中所占的比重开始持续下降。而在产品的竞争力方面,发展中国家的廉价工业品也对发达国家的产品造成了一定冲击。国际金融危机的发生让发达国家认识到了实体经济对于促进就业和稳定本国经济发展的重要作用,因此,发达国家纷纷提出了"再工业化战略",希望能够以此来重新夺回其在国际制造业市场中的主导权。

经历了20多年的金融自由化之后,虚拟经济在金融危机中受到重创。在危机过后,发达国家纷纷发出了回归实体经济的信号,从而掀起了再工业化的浪潮。为了实现这种再工业化的战略意图,加快实现实体经济的回归,同时抢占世界经济发展的制高点,发达国家先后制定了一系列发展及改革规划。

早在2010年7月,德国联邦政府便通过了《思想·创新·增长——德国2020高新技术战略》。该战略不仅提出以气候和能源、健康与营养、交通、安全、通信这五大需求领域开辟未来新市场,同时还重点推出了能源

供给的智能化改造、可再生原料作为石油取代物、个性化医疗更好地治疗疾病等 11 项"未来规划"。

2012 年 2 月,美国总统行政办公室和国家科技委员会公布了《先进制造业国家战略计划》,从而正式将先进制造业提升为国家战略。2012 年,奥巴马宣布投资 10 亿美元建立 15 个制造业创新研究所,以信息网络、智能制造、新能源和新材料领域的创新技术为核心,希望重新树立起美国制造业的竞争优势。

而英国政府科技办公室则推出了《英国工业 2050 战略》,作为英国制造业发展的一项长期战略研究,该报告通过分析制造业面临的问题和挑战,提出了英国制造业发展和复苏的相关政策。该报告着重强调了科技对于制造业生产的重要作用,认为科技将会极大改变产品的设计、制造甚至是使用方式。而未来制造业发展的主要趋势则在于个性化的低成本、产品需求增大、生产重新分配和制造价值链的数字化等方面,这些因素将会对制造业的生产发展造成重大影响。

法国政府于 2013 年 9 月推出了《新工业法国》战略,而到 2015 年 5 月 18 日,法国政府对于这一战略进行了大幅修改。调整之后的法国"再工业化"主要围绕"一个核心,九大支点"布局。"一个核心"主要是指实现工业生产向数字制造、智能制造的转型,以生产工具的转型升级来带动商业模式的变革,"九大支点"则包括了大数据经济、环保汽车、新能源开发等不同的新技术领域。

全球产业结构的调整让发达国家纷纷开始实施"再工业化"战略,同时也为发展中国家的制造业走向中高端领域创造了契机。发展中国家正在逐渐从资源和劳动密集型产业中摆脱出来,从而转向资本和技术密集型深加工产业之中,促进自身的产业结构升级。随着科学技术的发展以及吸收

第七章
世界工厂与产业布局

发达国家的产业结构转型经验，发展中国家的制造业正在努力从低利润环节向高附加值环节跃升，从而逐渐改变着全球价值链的格局。

随着全球产业链的结构性转变，发达国家能够更加高效地在全世界范围内寻找资源，而广大发展中国家也能够获得更多参与全球经济发展的机会。无论是发达国家还是发展中国家，"求变"始终都是经济发展的重要环节。没有哪一种经济发展模式可以始终保持其优越性，新时代有着新时代的特征，能否适应新时代的新特征是一个国家经济能否持久发展的关键。

世界工厂的"搬迁"历史

关于"世界工厂"这个概念，在经济学理论中我们还暂时无法找到答案。从工业经济学的角度来看，世界工厂就是指的为世界市场大规模提供工业品的生产制造基地。其实说到世界工厂这个词，大多数人会立刻联想到"中国制造"。"世界产品，中国制造"早已不是一句口号，而成了真真正正的现实。从这种意义上来说，中国作为世界工厂是当之无愧的。

但从这种意义上来看，这个世界工厂的头衔似乎并没有让中国变得"高大上"起来，反而催生出了许多"山寨货"。因此，也有人将世界工厂看作是处于国际分工最低端的，看上去今天我们眼中的世界工厂似乎就是这个样子。但如果我们真正全面地了解了世界工厂的变迁史之后，可能对于世界工厂这个概念的印象就会有所改变了。

世界工厂的形成最早可以追溯到19世纪，而在此后的几百年间，世界工厂又几经迁移。每一次世界工厂的"搬迁"都对世界经济格局产生了重要的影响，或者也可以说，正是世界工厂的"搬迁"促进了世界经济格局的转变。下面我们就从第一个世界工厂开始去探寻世界工厂的搬迁历史，

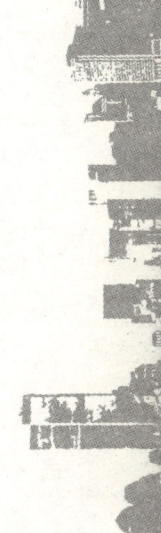

以及其对世界经济造成的影响。

在18世纪中期,英国开启了第一次工业革命的进程,由此英国进入了长达100年的世界工厂时代。在1860年时,英国的制造业总量占世界制造业比的重达到19.9%,这相当于全球的40%~45%、欧洲55%~60%的工业制造能力。同时,英国的工业制成品产量也占到了全球的五分之二,其中全世界53%的铁、50%的煤和其他大多数工业产品都是由英国生产的。

英国的工业制成品横跨大洋被贩卖到各个地方,科技和经济实力的强大使得英国成为名副其实的世界工厂,也正是从这时起,伦敦开始成为重要的国际金融中心。随着自身产业的不断发展,英国的国内生产成本开始升高,到了19世纪下半叶,英国逐渐开始对外进行产业转移。

这也是世界上第一次国际性的科技和产业转移浪潮,英国产业转移的主要目的地是邻近的法国和德国以及北美洲的一些国家。凭借着英国的产业转移,法国和德国的经济和科技实力也开始不断增强。而美国作为一个新生国家更成为英国产业转移的重点对象,这也使得美国成为第一次国际产业转移的最大受益者。

在承接英国产业转移的同时,美国也在不断提高自身的科技和经济能力。到了19世纪中叶,美国则开启了以电气、铁路为标志的人类历史上的第二次工业革命。乘着工业革命的东风,美国的制造业开始迅速崛起,到了1880年左右,美国制造业已经反超英国而位居全球首位。

到了1913年,美国主要工业品的产量相当于英、德、日、法四国的总和,占世界的1/3以上,美国进一步坐实了自己世界工厂的地位。但显然,世界工厂的头衔并不能让美国满足,它还有着更高的追求。

作为世界工厂,美国十分注重对于科学技术的发展,在1890—1900年间,美国政府颁发了超过230多万项专利。可以说,正是科技创新推动了

第七章

世界工厂与产业布局

美国经济的高速发展。而同时，不断改进制造业的生产装备和制造工艺、提高制造业的专业化生产水平也是美国的一项重要举措，这也使得美国的劳动生产率始终高于英国的两倍，纽约也成为继伦敦之后的又一个国际金融中心。

依靠这些措施美国逐渐在世界工厂的位置上越走越远，不仅实现了经济的飞跃式发展，同时还超越英国而成为世界经济的霸主。而到了20世纪50年代以后，随着第三次科技革命的爆发，美国开始对其国内的产业结构进行调整。与英国一样，美国将钢铁、纺织等传统产业转移到了日本和德国，同时大量进行海外投资。正是在这样的背景下，日本开始接过美国手中的接力棒而逐渐发展成为新的世界工厂。

第二次世界大战战败后，日本政府制定了符合本国国情的发展战略，大力发展技术含量高、附加价值高的产品。到了20世纪80年代中期，日本工业产品占世界的份额从3%上涨到了18%。而到了1985年，日本的录音机、录像机的产量已经占到全球出口比重的80.7%。高度发达的工业使得日本逐渐成为新一代世界工厂的代表。

日本经济的高速发展还带动了周边地区的发展。随着产业结构的不断升级，日本开始向东亚地区进行产业转移，获得产业转移的国家纷纷开始利用自身的优势发展劳动密集型产业，从而在整体上促进了地区经济的发展，同时也为中国成为新的世界工厂奠定了基础。

到了20世纪90年代，发达国家纷纷开始发展高技术产业，将产业结构的重心逐渐向高技术化、信息化和服务化的方向发展。因此，各发达国家也进一步加大了产业转移的力度，越来越多的劳动密集型产业和部分低附加值的技术密集型产业被从本土转移出来。承接这些产业转移的正是中国和部分东南亚国家。

在第四次国际产业转移之后，中国接收了大量发达国家转移而来的产业，不仅促进了自身经济的发展，同时也加速了中国的工业化进程，由此中国成了自日本之后的又一新的世界工厂。但相较于前几个世界工厂，无论是在制造业的规模还是经济实力方面，中国似乎都不具备成为世界工厂的条件，所以很多时候在提到中国成为世界工厂时往往会加上一个双引号。

纵观英国、美国和日本，其成为世界工厂确实实至名归。英国依靠工业革命之后强大的工业实力大力开展海上贸易，不仅满足了本国的贸易需求，同时还控制着其他国家的贸易往来。通过在世界范围内采购廉价的原材料，经过加工之后制成高附加值的工业制成品，随后依靠自身强大的海运实力将商品销售到世界各地。这才使得英国拥有了世界工厂的美名。

而美国世界工厂地位的建立则主要依靠于科学技术的推动。当然，远离世界大战的战场也为美国的经济发展提供了得天独厚的条件。随着英国等欧洲国家在战争中元气大伤，美国开始大发战争之财，在获得巨大财富的同时，也促进了自身经济的飞速发展。再加上创新技术的应用，使得美国逐渐从世界工厂走向了世界霸主的宝座。

日本成为世界工厂更主要的是由于抓住了欧美国家产业转移的机会。作为战败国的日本，在战后开始大力发展本国经济，当欧美各国开始进行产业转移时，日本迅速抢占到了先机。凭借着不断学习的能力以及越来越发达的科技水平，日本逐渐完成了自身产业结构的转型升级，不仅率先进入到发达国家的行列，更让自己成为继美国之后的又一世界工厂。

其实，中国作为世界工厂的境遇与日本存在着很多相似之处，同样是接受发达国家的产业转移、同样在最初大力发展劳动密集型产业，但不同之处在于，日本顺利完成了从劳动密集型产业到技术密集型产业的转型升级，而中国的产业转型升级之路却才刚刚开始。

第七章

世界工厂与产业布局

原有的劳动力红利已经开始消失,中国旧有的产业结构也暴露出了诸多问题,能否顺利完成产业结构的转型升级不仅关乎中国世界工厂地位的有无,更关系到中国政治经济的全面发展。

左右世界政局的跨国企业

在经济全球化的发展过程中,跨国企业成为了其中的决定性力量。而另一方面,跨国企业又在经济全球化过程中发展壮大,二者的相互促进共同推动着国际市场的形成。我们知道,国际市场在很久以前便已经形成,那么跨国企业是否与国际市场是同时形成的呢,跨国企业又是怎样一步步成为左右世界政局的存在的呢?下面我们就一同去解开围绕在跨国企业身上的重重迷雾。

跨国企业这一名称是在20世纪70年代初出现的,当时,联合国经济及社会理事会组成了由知名人士参加的小组,在较为全面地考察了跨国企业的各种准则和定义后,于1974年决定联合国统一采用"跨国企业"这一名称。在之前虽然跨国企业已经出现,但并没有被统一命名过。

经济学界认为跨国企业是垄断资本主义高度发展的产物,这一时间可以追溯到19世纪末20世纪初。资本主义进入垄断阶段时,少数跨国企业才开始纷纷出现。随后,资本主义国家的大型企业开始对外直接进行投资,包括在海外开设分支机构和子公司,从而更好地进行跨国性经营。

这一时期的跨国企业主要集中在英美等发达的资本主义国家,作为资本主义发展程度较高的国家,它们率先进入到资本主义的垄断阶段。当国内资源和市场不足以支撑其继续发展壮大时,对海外进行投资、扩张便成为它们求得更大发展的必经之路。

经济全球化在迅速发展，世界经济越来越成为一个整体，在这方面，跨国公司起着主要作用。跨国公司不仅跨国，而且跨集团，力图在全球范围内开展业务。它们控制着国际直接投资的百分之九十、世界生产的百分之四十、出口总额的三分之二和技术转让的三分之一。

当然，在这个过程中，地理大发现和工业革命的发生也让跨国企业能够更好地进行海外贸易和扩张。并且在两次世界大战期间，跨国企业的数量和规模都有了一定的发展。在第二次世界大战之后，跨国企业更是迅速发展，其中，美国的跨国企业无论是在数目、规模还是销售额上都达到了世界之首。

西方国家的跨国企业迅速发展，成为西方垄断资本主义推行经济霸权的重要工具。在20世纪70年代初，西方发达国家仅从投资、对外债务和对外贸易三个方面就从发展中国家赚到了240亿美元左右。而到了20世纪80年代后期，西方垄断资本主义国家每年的利润更是达到了2500亿美元至3000亿美元，几乎等于全部发展中国家国内生产总值的十分之一左右。正是因为这一利润的存在，西方发达国家在世界大战之后进入了一段时期的经济繁荣阶段，不仅经济出现了持续增长，技术水平也不断提高，大大拉开了与发展中国家的距离。

有人说跨国企业可以左右一个国家或是世界的政局，这句话有没有经过科学论证我们先不去考察，单从经济学角度来看，经济实力强大的跨国企业确实能够影响到一个国家经济的发展。

2017年9月28日，新华财经在香港发布了2017全球500经济体排名，共有96个国家（或地区）以及404字公司入选。其中在国家或地区的排行榜上，美国、中国和日本依次是全球GDP最高的三个国家，其后则是德国与英国。而在公司排名之中，沃尔玛、国家电网和中国石化则排在前列。

第七章
世界工厂与产业布局

我们可以将这些公司和国家放在一起来寻找其中的一些重要关联。在经济全球化过程中，跨国企业积累了巨额的财富，它们所拥有的财富甚至已经可以同许多国家的财富相提并论。在榜单上入选的企业中，404 家企业分别来自于 28 个国家和地区。其中，美国有 108 家公司入选，中国和日本则分别有 95 家和 44 家公司入选，后面依次是法国、德国和英国等欧洲国家。

从这些数据中可以看出，一个国家拥有大型跨国企业的多少，在很大程度上决定了这个国家的财富水平。其中，中国与日本在跨国企业的数量方面存在着较大差异，这也正是中国逐渐崛起，取代日本成为世界第二大经济体的一个重要原因。而日本跨国企业最近爆出的一系列数据造假事件，在很大程度上也影响了日本跨国企业在海外的发展，从而引发了日本经济相对于中国的衰退现象。

相对于国家间的贸易，跨国公司的海外投资在世界经济中发挥着重要的作用。早在 1992 年，全球跨国公司的海外销售额就已经达到了 5.5 万亿美元，这要比当年的商品出口额高出 1.5 万亿美元。不可否认的是，跨国公司已经成为国际经济和国际贸易中最具影响力的力量。而随着跨国企业继续加大对于海外市场的投资力度，这种影响力将会继续增强。

对于发达国家来说，跨国企业的直接对外投资可以绕过许多贸易壁垒，直接在目标国家生产并销售产品，在很大程度上也提高了跨国企业产品的竞争力。而跨国企业生产产品可以就地取材也减少了发达国家对发展中国家的依赖，从而更有利于发达国家的产品进入发展中国家市场。

当然，跨国企业的海外投资在很大程度上也促进了发展中国家的发展。跨国企业直接携带资本来到发展中国家进行投资，极大地补充了发展中国家的资本缺乏问题。而跨国公司的先进产品进入发展中国家市场，也在很大程度上改变了发展中国家的商品结构。通过吸收和学习跨国企业的技术与管理经验，发展中国家的民族产业逐渐发展起来，从而促进了本国经济的繁荣发展。

但跨国企业的海外投资对于发展中国家的经济发展就没有危害吗？当然不是，如果发展中国家的经济发展完全依靠国外的跨国企业支撑的话，那么其国民经济的命脉也就掌握在了别人手中。在1997年亚洲金融风暴期间，东南亚各国之所以发生经济危机，国际投机者的恶意攻击是一个原因，而跨国企业的纷纷撤资则使这种危机进一步恶化开来，最终一发不可收拾。

这正是对"跨国企业左右世界政局"的一个最好例证。所以，除了依靠民族企业作为支柱外，能否将跨国企业牢牢拴在自己的地盘上也成为决定国家经济发展的一个重要因素。如果一个国家市场环境良好、基础设施完善、对跨国企业政策友好，那么从逐利性角度来看，跨国企业自然不会离开这块"掘金的宝地"。

2017年12月2日，美国参议院以51票对49票通过了特朗普的税改法案。如果此次税改法案能够通过，将成为美国自里根政府以来最大的税改法案。在此次税改法案之中，减税成为大多数跨国企业关注的一个焦点。减税体现了国家对于企业的重视，通过降低税率，特朗普政府希望能够吸引更多跨国企业将资本带回国内，促进美国经济的繁荣和发展。

即使是世界经济霸主的美国也没有办法忽视跨国企业的巨大经济力量，从前面的数据中可以看出，在未来，跨国企业的较量主要将在美国与中国之间展开。谁能够营造更好的市场环境，谁能够为跨国企业带来巨大的收益，谁就将在竞争中笑到最后。当然，掌控住跨国企业的国家也将会从中获得巨大的经济回报，从而影响其在世界政治经济格局中的地位。

| 第七章 |
世界工厂与产业布局

美国产业转型之路

现如今,全世界正在掀起产业结构调整和技术研发创新的热潮,这是新时代争夺未来发展优先权的竞赛,对于各国在未来的发展具有重要意义。同时,在很大程度上也将会影响到未来的国际力量对比。

从当前的形势来看,西方发达国家很快就将完成产业结构的调整,而发展中国家则还有很长的一段路要走。可以预见,一个国家如果长期处于国际产业链的中低端,久而久之,其在国际政治经济版图中的地位也将越来越小。所以,产业升级是每一个国家都必须要经历的一个阶段。

不同的国家在不同的历史时期根据自身的历史情况都进行过相应的产业结构改革,这一点在发达国家身上体现得尤为突出。产业结构调整的立足点应是本国的基本国情,这也就决定了不同的国家在产业调整的策略方法上会有所不同。所以,对于还未进行或是正在进行产业结构调整的国家来说,西方发达国家产业结构调整的经验有可供借鉴的地方,但也不能全盘吸收。

通过对自身与其他国家产业结构调整背景的比较,从而分析其产业结构调整的方向,以及其中所采取的具体的转型方法,有选择地加以吸收和利用,对于发展中国家的产业结构调整是十分有帮助的。

高新技术产业作为一种高端产业,其创造经济效益的能力毋庸置疑,而从全球高新技术产业力量对比来看,美国无疑是其中的佼佼者。依靠高新技术产业,美国获得了大量经济利益,所以在产业结构之中,美国在这方面的比重会更大一些。

从大的产业结构来划分,我们可以将产业结构分为以农业为主的第一产业、以工业为主的第二产业和以服务业为主的第三产业。而从美国的产业结构来看，农业只占其中很少的比重，工业是美国的支柱产业，第三产业则是美国经济财富的重要来源。根据数据统计，在美国的GDP收入中，农业只占其中的1%，工业的占比则超过20%，剩下将近80%的份额都为第三产业所占据。

从上面的数据可以看出，美国是一个以工业立国、以第三产业开源的国家。这种产业结构是十分均衡合理的，但这种产业结构却也是不容易实现的。可以说，现阶段世界上很少有国家能够达到美国这种优化的产业结构，其中一个重要因素就是技术实力，美国这种产业结构的形成是以科学技术为导向的。这一点我们可以从美国的产业结构变迁历史中一探究竟。

美国的崛起是在两次世界大战之中，尤其是第二次世界大战之后，随着国际环境的稳定，美国的二三产业获得了长足发展。与此同时，出现的一个现象就是美国第一产业在GDP中所占的份额开始逐渐下降，从最初的10%一路下降到了1%左右。从数据上看，这似乎并不是一件好事，但实际上虽然美国农业所占GDP的份额在大幅下降，但其农业的总产值却在不断提升。

也就是说，美国用原来1%的农业份额创造出了超过10%份额的农业产值。近50年来，美国的农业产值差不多呈现出了5倍的增长，具体的农业产值从200亿美元增长到了1000亿美元。到底是什么原因为美国的农业生产带来了如此巨大的变化呢？正如前面所说，是科学技术的助力使得美国的农业发生了巨变。

相较于其他发展中国家来说，美国的农业并不依靠扩大耕地规模来获得发展，其更多依靠科学技术的投入，正是这种原因使得美国可以用较少的农业投入获得较高的农业产值。虽然，在耕地面积上并不是最大的，但

第七章
世界工厂与产业布局

现如今美国的玉米、大豆和棉花的产量都处于世界前列,美国早已成为世界最大的粮食出口国。

美国农业发展取得的这种成就正好验证了"科学技术是第一生产力"的说法,科学技术保证了美国农业比重下降的同时农业产值保持持续增长的趋势。不仅是在农业方面,整个美国产业结构的调整都是以科学技术作为核心推动力量来完成的,这一点在第三产业方面表现得尤为明显。

美国的第三产业在其 GDP 中所占比重最大,这得益于美国全面而完善的第三产业结构。基本上,除了农业和工业之外,诸如金融、零售、医疗、娱乐、教育等行业都属于第三产业的范畴。第三产业的繁荣不仅为美国人带来了大量就业岗位,同时也让美国的社会文化呈现出一派繁荣景象,为美国的政治经济生活提供了更多能量。

自第三次科技革命以来,美国在科学技术方面始终处于世界前列,而随着新的信息技术革命的萌发,美国的第三产业获得了更大发展。从互联网到人工智能,越来越多的高新技术被研发应用,将高新技术与传统的第三产业融合,除提高不同行业的赢利能力外还创造出了新的行业形态。这样不仅激发了第三产业源源不断的能量,同时也促进了第三产业在结构上的多样性。

相较于第三产业的蓬勃发展,近年来美国在工业方面却并没有呈现出同样繁荣的景象。在工业领域,制造业、采矿业和公共事业所占比例较大,而汽车行业、建筑业和计算机及电子制造业则是支撑美国第二产业发展的基础。

第二产业不仅是美国的立国之本,对于世界各国也都是一样的。所以在谋求国家经济发展时,第二产业尤其是制造业都会被摆到最为显著的位置上来。随着国际分工的变化,越来越多发展中国家凭借廉价的劳动力和土地资源成为"世界工厂",大量的资本纷纷涌入这些发展中国家,这便使得美国的制造业呈现出了一种全面萎缩的态势,这一点在汽车制造业方面表现得尤为明显。

美国工业的萎靡之势一直持续到了20世纪末期,随着新的信息技术革命的兴起,美国工业开始重新焕发出了新的生机。高新技术与工业基础相结合,进一步降低了工业生产的成本,大大提高了工业生产的效率,从而带动了美国工业的复苏。

另外,新任总统特朗普上台之后推行的税改政策又为美国的工业发展提供了政策方面的支持。现在,美国希望从那些"世界工厂"的手中将大量资本吸收到美国本土之中,从而促进美国各个行业的"优先发展"。

美国的产业结构转型主要依靠科学技术作为导向力量,在这一方面,美国确实拥有着强大的实力。通过科学技术的进步反哺农业、工业和第三产业,促进不同产业间结构的优化配置。农业在国民经济中具有重要的地位,依靠科技提高农业产值要远比通过扩大种植面积获得规模效益要好得多。工业是立国之本,只有工业稳定才能保证国家的安定。第三产业是财富之源,是最能够创造财富收入的产业,用科学技术赋能第三产业对于第三产业的发展具有重要意义。

美国产业转型的经验对于中国具有极强的借鉴意义,虽然在科学技术方面中国还没有美国那般完善与成熟,但以科学技术为导向的产业转型之路却仍然是一个不错的选择。当然,结合中国的具体国情仍然是产业机构转型升级的立足点。产业结构的转型升级并不是一帆风顺的,对于中国而言,其中必然充满着痛苦的转变。

第七章
世界工厂与产业布局

在痛苦中完成产业结构转型

高增速始终是中国经济发展的主旋律,自改革开放以来,40年时间中,中国经济有很长一段时间保持着年均10%的高速增长。这种情况一直持续到了2012年左右,中国的经济增速开始稳定并下降,同时经济高速增长期间所孕育出来的问题也开始一一显现。

随着中国经济国际化程度的不断加深,如何提高经济运行的稳定性、减少世界性经济危机对于中国经济的冲击已成为中国必须要面对的课题。因此,经济转型成为新时代中国的一个重要举措。

中国经济转型的重点在于产业结构的调整。事实上,纵观世界各国经济转型的历史,产业结构的调整都是最为核心的举措。虽然中国经济始终保持着一个较高的增长态势,但中国产业结构的优化程度却始终处于一个较低水平。因此,及时将产业结构调整到与经济发展相适应的水平,从而促进产业结构的转型升级是当前中国经济政策制定的依据。但多年来形成的产业结构并不是短期内能够改造完成的,所以整个产业转型升级的过程必然是痛苦的,当然其意义也是十分重要的。

随着中国经济的快速发展,中国的三大产业在国民经济中的占比也逐渐发生了变化。首先是自2012年起,第三产业增加值占国内生产总值的比重开始超过第二产业,这也就意味着第三产业已经成为国民经济发展的主导产业。与此相反的现象则是第二产业占国民经济的比重开始不断下降,而第一产业占国民经济的比重却变化不大。上述产业结构的变化正说明中国已经开始进入到工业化后期的发展阶段。

看上去中国的产业结构正在逐渐优化,但实际上这只是一种表面现象。

从各个产业的内部结构来看，问题要严重得多。

首先，在第一产业方面，农业就业人员数量与其在国民经济中的比重极不相称，如果说在美国 1000 个人耕种 1% 的土地创造 10% 的农业产值，那么中国在 1% 的土地上可能集中了 10000 个人，甚至是更多的人，但其所创造的农业产值却并不高。大量的人员滞留在生产率低、科技含量低的农业领域，对于人力资源是一种浪费。

同时，这也会导致农业就业人员平均收入较低，并且缺乏增长的动力，进而制约第二和第三产业的发展。另外，在第一产业的内部结构之中农业的所占比重极大，林业、畜牧业和渔业则只占有较小的比重，这种内部产业结构是十分不合理的。

其次，在第二产业方面，分解过剩的劳动力资源成为第二产业的一个重要作用。原有的农业劳动力纷纷进城务工，大量涌入劳动密集型产业之中，在一段时间内促进了中国经济的发展。但在近几年，中国的劳动力红利已逐渐消失，东南亚国家开始取代中国而成为"世界工厂"，这让中国的劳动密集型产业陷入发展的两难境地。

一方面，劳动密集型产业如果继续按照原有的模式发展，那么劳动力成本的提高必然会降低其在国际上的竞争力，最终在国际竞争中遭到淘汰。而另一方面，如果劳动密集型产业选择引进先进技术进行产业转型升级，那么大量工人将会失业，整个社会便会出现大量闲置劳动力。如果不协调好这两方面问题，将很容易对整个社会经济的平稳运行造成严重影响。

另外，低端制造业产能过剩、中高端制造业产能不足也是第二产业所面临的一个重要问题。尤其是一些技术含量较高、经济贡献较大的高增长行业仍然处于发展的初级阶段，不仅缺乏在国际上具有重要影响力的高新技术企业，而且在涉及国计民生的通信和能源等部门，中国的发展也落后

第七章
世界工厂与产业布局

于发达国家。

最后,在第三产业方面,产业内部结构不均衡,产业发展相对滞后是主要的问题。虽然近年来中国的第三产业已经一跃成为国民经济中的主导产业,但从整个世界范围来看中国的第三产业仍然处于一个落后阶段。中国的制造业在全球的比重中已经达到了 1/4 左右,但第三产业的比重却仍不足 10%,长此以往,将会严重影响到中国制造业的健康发展。

此外,与第二产业面临的形势一样,中国的第三产业主要集中在旅游、运输等传统领域,而在金融、保险等现代服务领域的比重却并不高。尤其是那些具有高技术附加值、高知识含量的新兴服务业仍有极大发展空间。

面对日益严峻的国际化竞争,以及中国产业结构存在的诸多问题,大力开展产业转型成了中国经济进一步向前发展的必然选择。

在金融危机时期,为了保证经济能够顺利平稳过渡,中国政府提出了"保增长、渡难关、调结构"的经济发展方针。调结构不仅涉及对于高能耗企业的调整,同时还要进一步优化三次产业比例,包括优化农业产业结构,优化工业支柱结构,优化传统服务业和现代服务业结构,从而达到整体的产业结构的优化升级。

从具体层面来看,"调结构"主要有三个不同的含义。

首先,从整个经济结构来看,应该由过分依靠外需向侧重于内需转变。改革开放之后,中国经济的发展对外依存度不断提高,其中出口占 GDP 比重已经达到了 40%,远高于世界其他国家。这一方面促进了中国经济的持续快速发展,但同时也为中国经济的发展积累了较多的安全风险,国际政治经济形势稍有变化都会对中国的经济发展造成冲击。

其次,从内需的结构来看,处理好投资和消费之间的关系是十分重要的。近年来,中国居民的最终消费率呈现出持续下降的趋势,而随着经济的发展,投资却呈现出一种蓬勃向上的趋势。投资需求的旺盛和消费需求的不足使得整个社会呈现出一种产能过剩的局面，因此扩大内需、促进消费便成为一项重要举措。将扩大内需与扩大投资放到同等重要的地位，在去产能的同时促进中国经济的全面协调发展。

最后，从投资结构来看，重点发展高技术水平、高核心竞争力的节能环保产业成为了产业结构调整的重点。传统的低端、粗放的产业结构已经不再适应现阶段中国经济的发展要求，同时还造成了许多环境和社会问题，严重影响着中国经济的可持续发展。因此，通过各项政策严控高能耗、高污染和资源性产业在整个产业结构中的比重，提高具备先进技术、创新能力的新型产业在产业结构中的比重，对引导与推动产业结构的转型升级是十分重要的。

在2015年5月8日，国务院正式公布了《中国制造2025》。作为第一个实施中国制造强国战略的10年行动纲领，其规划了"推动产业迈向高端，坚持创新驱动、智能转型，加快从制造大国向制造强国转变"，并预计在10年内初步完成产业升级，从而进入到制造业的第二方阵之中，在20年后力求中国的制造业水平达到世界领先地位。

从这一战略规划也能看出，产业结构的转型升级之路并不是一蹴而就的，其必然是一个充满了痛苦的过程。不仅需要经历漫长的过程，同时还要克服各种固有的问题。如何协调好发展与稳定的关系是产业结构调整中的一个重要问题，同时也是保障中国经济可持续发展的一个关键所在。

第八章

全球经济大势

转型中的全球经济

2008年的全球性金融危机已经过去了10个年头,但它对世界各国经济发展造成的影响却依然没有消散。从2012年起,世界经济开始出现复苏景象。一年之后,世界上的大多数经济体已经从危机的阴影中走了出来。但从这些国家后续的发展来看,除了美国外,大多数世界主要经济体国家的经济都呈现出了放缓或停滞的状态。

到了这时,人们才发现正是在经济危机中暴露出的诸多问题才导致了本国经济的停滞,而经济发展模式所存在的劣势则是其中的主要原因。因此,变更经济发展模式、寻求经济的转型升级便成为世界上绝大多数经济体必须要做的事情。只有将经济发展模式中存在缺陷的地方剔除掉，才能为经济的发展提供一条通路，同时也可以避免新的同类危机的发生。

从整体上来看，随着大多数国家纷纷开展经济转型，在2014年世界经济将会朝着更加健康和安全的方向发展。根据国际经济组织的统计，在2014年世界经济的增长率为2.6%，增长速度比上年加快了0.1个百分点，但却要比7月份的预测值有所下调。所以从当时来看，世界经济虽然已经出现好转迹象，但却仍然低于预期，这也为世界经济的发展带来了一些不确定性。

许多新兴市场国家在经济危机中遭受了较大打击，而在经济转型方面也同样面临不同种类的问题，所以使得在2014年世界经济并没有开始走入上升的周期，这也说明大多数新兴市场经济体国家在经济转型方面还存在着一些不足。只有解决了这些不足之后，经济的发展才能步入正确轨道上来。

经过了近一年多的恢复调整，进入到2016年中期以来，全球经济开始进入了上行周期。虽然在2014年时，世界上的大多数经济体仍然面临着经济增长停滞和金融市场动荡的问题，但到2016年中期，欧洲、日本、中国和美国的经济增长速度都在不断提高，全世界金融市场表现良好。

从2016年下半年起，全球经济活动趋于活跃，这种趋势一直持续到了2017年上半年。随着全球金融环境的改善以及发达经济体的复苏，新兴市场国家和发展中经济体的经济增长也有所提速。中国和亚洲其他新兴经济体的增长依然强劲；拉美部分大宗商品出口国、独联体国家和撒哈拉以南非洲仍面临困难，但已有了一定的改善迹象。发达经济体的经济增长在2017年普遍提速，美国、加拿大、欧元区和日本的经济活动也日趋活跃。

在国际金融危机之后，发达国家开始反思自身过度追求经济虚拟化的教训，开始推出"再制造"战略，希望在自身具备比较优势的产业或价值

第八章
全球经济大势

环节上提高竞争力,从而扩大市场份额。而发展中国家和新兴经济体国家则通过产业的转型升级和直接对外投资来不断扩展自身的产业链,从而突破传统的国际分工对自身发展的限制。

全球价值链的重构不仅推动了国际市场的竞争,同时也促进了国际分工的深化与区域利益的融合。发达国家在创新能力上处于领先地位,正在形成一些新的竞争优势,从而对未来的世界经济格局产生重要影响。

其中,各个国家都将实体经济的发展置于首位,这也是经济危机带给各国的一个重要经验。美国先后发布了《制造业促进法案》和"先进制造业国家战略计划";英国则在2011年便投资4500万英镑来支持九个创新制造中心的建设;巴西和印度等国也公布了《工业强国计划》和《国家制造业政策》。

另外,新一轮工业革命正在孕育之中。每一次工业革命都会对世界政治经济格局造成深远影响,而这一次工业革命也必将如此。以物联网、大数据、人工智能和生物、材料及节能环保等技术创新为引导,传统产业将被赋能,新兴产业将兴起,从而推动整个产业结构朝着数字化、智能化和绿色化的方向发展。

德国的工业4.0计划正是其中借助技术革命来改革传统产业、发展新兴产业的一个重要例子。德国希望通过智能制造赋能传统的制造业,在提高制造业本身实力的同时,在新一轮的工业革命之中占得先机。而美国则同样提出了大力发展先进信息技术的政策,力求通过人工智能、机器人和数字化制造重新塑造制造业的竞争力。

新兴能源的出现和应用也成为全球经济转型的一个重要力量。通过对于页岩气和页岩油的大规模开采及应用,美国一下便从能源进口国转变为了能源输出国,丰富的新型能源给美国的发展带来了诸多便利。美国能源状况的改变对国际能源格局也产生了重要影响，让美国在国际能源竞争中更具有主导权。而其他国家对于可再生能源的利用也取得了重要进展。

中国的经济转型也正处于一个重要的历史关口。从国内来看，中国的经济转型将给经济增长方式、经济结构升级带来重要的影响，同时也将提高中国的经济增长速度。而从国际来看，中国经济转型所形成的巨大内需市场将会成为全球经济复苏的一个重点，同时也将促进经济全球化的发展进程。

改革开放40年来，中国已经进入了工业化后期，经济的转型升级也呈现出了一些显著特点。在2017年的前三个季度，服务业占比已经达到52.9%，预计到2020年将会达到60%左右。而随着服务业的发展，越来越多的新产业、新业态和新模式开始出现，成为推动产业转型升级的一个重要力量。

除了产业结构正在由工业主导向服务业主导转型之外，中国的消费结构也正在由物质型消费向服务型消费转型。到2020年左右，中国城镇居民服务性消费的比重将会上升到50%左右，而在2017年这一比例仅有40%。

随着全球范围内新一轮技术革命的兴起，中国的经济转型将会与高新技术相融合。其中，数字经济的发展将会加快推进中国制造业的转型升级，当前在技术领域涌现出的一大批成果将会深入融合到传统制造业之中，引导传统制造业完成转型升级。

在经济危机之中，完全依靠虚拟经济支撑的金融市场严重受挫，这使得没有实体经济支撑发展的国家深受其害。而在危机过后，世界各国纷纷开始转变经济的发展方向，重新回归到实体经济之中，用新技术、新模式来改造传统行业，力求打造出更加稳定、更加完善的经济支柱产业。可以说，在未来几年全球经济的转型过程中，哪个国家能够率先完成这一任务，哪个国家就将在国际经济竞争中占得先机。

经济转型升级的本质是创新求变，核心则是发展实体经济，这一点对于世界上的各个国家都是相同的。但由于发达国家与发展中国家在经济发展的程度上有所不同，所以在具体的经济转型方面需要面对的问题也会有所不同。这时就要从本国经济的具体实际出发，制定出适合本国经济发展的政策，不盲目追求其他国家的发展步伐，走出最适合自己的经济发展道路。

从TPP到CPTPP，反复无常的美国要干什么？

2018年3月8日，由日本主导，其他10个国家参与的《跨太平洋伙伴全面进展协定》在智利首都圣地亚哥举行了签字仪式。

《跨太平洋伙伴全面进展协定》（简称CPTPP）是由《跨太平洋伙伴关系协定》（简称TPP）发展而来的此次11个国家在日本的穿针引线下签订了CPTPP协定，其中保留了TPP超过95%的内容，同时还大大降低了通过的难度，现在的新协定只需要任意6个缔约国完成国内批准程序后便可生效。

第一批加入到CPTPP的国家主要包括澳大利亚、新西兰、文莱、马来西亚、新加坡、越南、日本、智利、秘鲁、墨西哥、加拿大11个国家，共覆盖5亿人口，占全球GDP的13.5%。这一新的协定旨在降低缔约国之间超过98%的关税，被看作是应对美国贸易保护主义的一项利器。

看上去这一协定的签订是为了对抗美国，而作为亚太地区的贸易协定，为什么中国没有加入呢？美国难道会眼睁睁地看着这个协定生效吗？美国在此协定中又扮演着怎样的角色呢？想要了解这些问题，需要首先搞清楚TPP是如何变成CPTPP的。

TPP是指跨太平洋伙伴关系协定，又被称为"经济北约"，其前身是跨太平洋战略经济伙伴关系协定，是由新西兰、新加坡、智利和文莱四个国家发起的，因此这一协议在最初又被称为"P4协议"。

到了2009年11月14日，美国总统奥巴马正式宣布美国将加入TPP谈判之中，从而促进美国的就业和经济繁荣，并要建立一个高标准、体现创新思想、涵盖多领域和范围的亚太地区一体化合作协定。奥巴马的表态为TPP谈判吸引来了更多国家，很快，TPP谈判从"P4"变成了"P8"，其发展趋势仍然在不断扩大。

美国正式加入TPP是在2008年2月，此后在美国的斡旋下，澳大利亚、秘鲁、马来西亚、越南、日本、韩国等国家纷纷加入谈判之中。到2015年10月5日，美国、日本、澳大利亚等12个国家成功结束TPP谈判，达成了TPP贸易协定，并于2016年2月4日在新西兰奥克兰正式签署了《跨太平洋伙伴关系协定》。

TPP协议的签署被认为是针对中国的一次由美国主导世界贸易规则的行为，TPP的一位官员曾说："TPP是一个只禁止中国入内的俱乐部"。从具体协议来看，中国的出口贸易确实会受到TPP的一定影响。

原本谈判进行得顺风顺水，但到最后，作为领导者的美国却在通过协议过程中出现了问题。由于TPP协定需要各国立法部门批准通过，但当时不仅美国民主和共和两党候选人都对这一协定表示反对，其在美国内部也存在着较大分歧。因此，在奥巴马任期内，此项协议并没有通过。

在2016年11月11日，美国参议院议长米奇奥康纳宣布，奥巴马主导的跨太平洋战略经济伙伴关系协议TPP计划被正式搁置。2017年1月23日，美国总统唐纳德·特朗普在白宫签署行政命令，标志着美国正式退出跨太平

| 第八章 |
全球经济大势

洋伙伴关系协定（TPP），特朗普政府将与美国盟友和其他国家发掘双边贸易机会。

美国的正式退出让TPP处于一种群龙无首的窘境，由于TPP的构造本身就是建立在美国参与的基础之上的，现在美国退出后想要落实TPP协定也就成了空谈。在一篇题为《美国退出TPP提升了中国在太平洋地区的替代地位》的文章中，作者认为美国总统特朗普签署让美国退出《跨太平洋伙伴关系协定》（TPP）的总统令后，澳大利亚、新西兰、日本和智利政府迅速做出反应，纷纷表示他们都不会放弃继续推动自由贸易，并将向中国敞开大门，让中国加入到有关这一协定未来的讨论中。

而直到3月CPTPP协定举行签字仪式时，中国仍然没有出现在这一协定之中。对于CPTPP协定的签署，中国外交部部长王毅在回答记者提问时说道："中国没有参加CPTPP协定。但中国历来是贸易自由化的坚定支持者，也是亚太区域合作和经济一体化的重要参与方。2014年，正是在中国的推动下，亚太经合组织领导人非正式会议在北京正式启动了亚太自贸区进程，而中国正在积极参与到区域全面经济伙伴关系中，也就是RCEP，是目前正在商谈的覆盖人口最多、成员构成最广的自贸安排。不管是RCEP还是CPTPP，只要顺应亚太区域经济一体化方向，符合透明、开放、包容原则，有利于维护以WTO为核心的全球自由贸易体系，中方都持积极态度。"

事实上，TPP 11个成员国正在寻找新的成员加入其中，泰国、菲律宾、斯里兰卡甚至英国都被认为是这一贸易协定的潜在成员。日本首席TPP谈判代表梅本和义表示："TPP旨在建立一个开放、基于规则的多边自由贸易体系，所以如果任何国家有兴趣并且愿意遵守规则，那么我们可以讨论加入事宜。"

日本经济大臣茂木敏充表示，这一协定将向"可能正向保守方向移动"的"世界上某些地方"发出一个信号，"我们将再次向美国解释该协定的重要性，我希望他们能够回来。"但略显讽刺的是，不久前特朗普签署了对进口太阳能电池板和洗衣机征收新关税的法案，这也是他设置贸易壁垒的首个重要举措。

美国总统特朗普在接受CNBC采访时曾表示："我将告诉你一个大新闻。如果我们能敲定一个比之前好得多的协议，我会加入TPP。"在达沃斯世界经济论坛的演讲中，特朗普又重申："美国做好准备是要谈判，协商相互有利的双边贸易协议，我们和各国都愿意谈，这其中也会包括那些在现有的泛太平洋协定(TPP）之中的国家。他们很重要，我们和他们其中的几个国家已经有了协议，我们会考虑和其他国家也达成这样的协议，可以是单个谈也可能是作为一个集团来谈，只要符合大家各自的利益就行。"

从当初签署行政命令推出TPP，到现在又积极表示可能会加入TPP，仅仅一年时间，特朗普政府态度就出现了明显转变，其中的原因可能包括以下几个方面：

首先，美国的退出并没有让TPP随之解散，反而在日本的主导下完成了CPTPP协议，并且这些协议国家十分希望美国重新回到TPP中，为此，特朗普政府也只能做出积极回应。

其次，在退出TPP后，美国并没有在双边贸易磋商中取得显著成果。由于退出TPP导致美国的一些产品在出口时被征收较高关税，从而影响到了美国相关产业的发展。

最后，特朗普政府仍然希望在亚太地区以及整个世界建立起以美国为主的霸权，为此向世界展示一个良好的形象是十分必要的。

第八章
全球经济大势

当然,在另一方面,美国对TPP重新提起兴趣,与中国近年来的发展也有着较为密切的关系。最初奥巴马政府提议建立TPP,就是为了限制中国对外贸易的发展,随着特朗普政府的退出,以及中国"一带一路"倡议的顺利实施,特朗普政府又一次将中国视为"战略竞争对手",这一时期对TPP协议国释放好意是出于美国的战略考虑。

美国究竟会不会重新参与到TPP之中呢?从现阶段美国的战略布局来看,即使重新参与到TPP谈判之中,特朗普政府也会继续秉持"美国优先"的原则,从而提出各种符合美国优先发展的条件,将谈判的主导权掌握在自己手中。而美国是否能够顺利实现这一目标,就要看其他"小伙伴"愿不愿意"牺牲"了。

从现阶段来看,特朗普政府似乎并不迫切需要重新加入TPP谈判之中,至少在TPP"达成一个比之前好得多的协议"之前,特朗普政府应当不会放弃继续与贸易对手进行双边谈判的机会。

美国的经济霸主地位是否会动摇

"美国能否继续维护其世界经济霸主地位?"在一场严重的经济危机之中,这一问题又再一次被热衷于研究经济的人们搬上了辩论桌。有的人认为早在经济危机之前,美国的经济发展便出现了许多问题,经济危机只是这些因素叠加的结果,所以美国只要解决了这一问题就能够继续维持其经济的繁荣。当然,也有不少人并不认同这一观点,因为美国的竞争者并不在少数。

虽然在经济危机之中,相较于其他国家,美国所受到的打击相对较小,但经过几年的恢复发展,其他国家的经济也开始重新复苏起来。在IMF

《世界经济展望》报告中提出，据估计，2017年全球产出增长3.7%，比秋季的预测高出0.1个百分点，比2016年提高了0.5个百分点。此轮经济增长的基础较为广泛，特别是欧洲和亚洲地区出现了令人惊喜的显著增长。

在2017年，约120个经济体（占全球GDP的四分之三）的年同比增速都出现了上升，这是2010年以来最广泛的全球增长同步上扬。在发达经济体中，2017年第三季度的增长高于秋季的预测，特别是德国、日本、韩国和美国。巴西、中国和南非等主要新兴市场和发展中经济体第三季度的增长率也高于秋季的预测。高频硬性数据和情绪指标显示，第四季度继续保持强劲增长势头。

从IMF（国际货币基金组织）的报告之中可以看出，经济危机过后的近10年，大多数国家的经济发展已经重新回到正常轨道之中。随着全球范围内经济转型的兴起，全球大多数经济体的经济增长速度都出现了上升趋势。当然，在这一时期美国也没闲着，美国的经济也在与世界经济同步增长。所以说，美国的经济霸主地位能否被动摇还并不好说，至少在近20年内这种概率还是比较小的。

在解释这一问题之前，我们可以再回顾一下美国是如何一步步从别人手中夺得世界经济霸主宝座，又是如何一步步巩固这种霸权地位的。而后再看看在现阶段或者是将来究竟有哪个国家能够动摇美国的经济霸主地位。

作为一个历史并不算悠久的国家，美国从最初的被殖民发展到成为世界经济的霸主，这一段过程是非常具有研究价值的。虽然美国崛起的方法在现代很难复制，但其中的成功经验确实非常值得学习。

大多数人认为美国的经济崛起于两次世界大战期间，在大战之中美国不仅大发横财，还引进了大量国外资本，推动了自身经济的发展。尤其是

| 第八章 |
全球经济大势

在第二次世界大战中,欧洲强国的工业体系纷纷被战争摧毁,本就经济体量巨大的美国获得了绝佳的发展契机,此后,美国在科技革命的助力下迅速发展起来。

在竞争者方面,第二次世界大战结束之后,美国和苏联成为主要的竞争对手,谁都想将对手击垮,由自己来独占世界经济霸主的地位。因此,美国与苏联展开了涉及各个领域的竞争,最终在冷战政策下,美国将苏联拖垮,从此,世界政治经济格局中美国便成为位列最顶端的国家。

同时,在第二次世界大战之后,欧洲经济一体化进程开始起步,为了能够共同对抗苏联,美国开始刻意支持欧洲经济共同体的发展。北大西洋公约组织的建立更是美国示好西欧各国、对抗苏联的一个重要举措。

但随着欧洲各国经济开始逐渐复兴,整个欧洲经济共同体在一定程度上已经超越了美国,这便让美国开始对自己的政策进行调整,这也使得在20世纪六七十年代美国和欧共体之间出现了大量贸易争端事件。从1985年起,美国与欧共体之间围绕钢铁、高技术产品的贸易摩擦越来越多,美国开始着手推行北美经济一体化战略,希望通过建立北美自由贸易区的方式来对欧共体的发展加以限制。

除了欧共体外,日本的崛起也是让美国心有不安的地方。随着冷战后期苏联的经济发展越来越跟不上美国的节奏,美国开始将注意力放到欧共体和日本身上。美国的产业转移促进了日本经济的发展,一时间,日本的经济水平上升到了前所未有的高度,甚至超越美国而成为当时世界最大的债权国。为了维护自身的霸主地位,美国会同日本等其他国家签订了"广场协议"。此后在"广场协议"的作用下,日本快速累积起的经济泡沫破碎,日本经济受到了严重影响,从此陷入了长达十年的停滞时期。

除了对于竞争对手的制约外,美国还通过一系列经济手段为自己构筑起了强大的屏障,来保障自身经济霸主地位的稳固。在1944年,美国通过布雷顿森林体系确立了美元的霸主地位,从此使得美国在国际贸易中占尽了优势。即使是到了上世纪70年代布雷顿森林体系崩溃之后,美元依然是最为主要的国际货币,同时也是其他国家主要的外汇储备,这对于美国来说是十分有利的,直到现在这一局面也仍然没有被打破。

另外在布雷顿森林会议之后,国际货币基金组织和世界银行相继建立。国际货币基金组织主要负责国际货币事务方面的问题,主要向成员国提供解决国际收支暂时不平衡的短期外汇资金,以消除外汇管制,促进汇率稳定和国际贸易的扩大。而世界银行则主要负责经济的复兴与发展,向各成员国提供发展经济的中长期贷款。

这两个国际性金融机构虽然是联合国下属的专门机构,但由于是二战之后在美国主导下成立的,所以即使到现在这些金融机构的主导权依然掌握在美国等发达国家手中。在经济政策或条款方面,或多或少会存在着一些发达国家的意志。

在过去的100年间,美国正是通过这些手段来不断维持自身的经济霸主地位的。从人类的发展历史来看,自全球化时代以来,还没有哪个国家能够像美国一样维持如此长时间的霸主地位。但自从2008年美国金融危机以来,我们确实看到了"美国优先"政策对世界其他经济体和国家带来的不利影响。在经济复苏的过程中,美国政府一味地通过货币扩张来刺激自身经济的发展,而并不从根本上对自身进行改革,这也引起了其他国家的广泛不满。

而今,随着人民币进入SDR,多国石油贸易以人民币进行结算,美元的货币霸主地位将进一步受到冲击。从目前的发展趋势来看,虽然说美国的经济霸主地位将会受到动摇还为时过早,但美国对于国际货币的垄断地

第八章
全球经济大势

位可能很快就会终结了。

美国的经济处在不断向上发展的过程中，虽然仍存在着各种各样的问题，但美国作为世界经济霸主的地位在一定时间内是不会改变的。如果特朗普政府的新政策能够取得美国所想要的效果的话，那么美国的经济还会继续向前发展。当然，美国的经济霸主地位并不会长期持续下去，其自身存在的各种问题，以及国际社会的竞争冲击，都会让美国从经济霸主的神坛上跌落下来。

美国第一之后，世界由谁来带领

当今世界，美国是当之无愧的霸主，无论是在经济、军事还是其他领域，美国仍然是超级大国，世界第一暂时无可置疑。那么在美国之后，究竟哪个国家更有可能取代美国来引领世界的发展呢？

在前面的章节中我们提到美国作为世界经济霸主的地位在短时间内并不会被动摇，但这并不代表美国能够永远坐稳经济霸主的宝座。随着其他国家从经济危机的"废墟"中完成重建，美国所面临的竞争形势也日趋严峻。每一个国家都在全力以赴寻求发展，希望能够在国际社会中占据更加重要的位置。

在欧洲，欧债危机的阴霾正在散去，德国的经济始终保持着上升趋势，法国经济也在不断恢复之中。但英国脱欧的举动却又让欧洲各国错愕不已，英国脱欧让欧盟内部面临解体的危险，这种时候德国和法国却始终在强调"一个欧洲"的政策。很显然，德国和法国并不希望欧盟就这样一拍即散。

欧元区国家在保留了各自财政政策权力的同时，将货币的发行权让渡给了欧洲央行，这便导致了各个国家在面临债务危机的时候不能够通过超发货币来解决问题，这也是欧洲债务危机蔓延的一种重要因素。如果欧盟无法将财政政策与货币政策相结合，那对于大多数欧元区国家的发展都是不利的。

实际上，在整个欧盟一体化进程中起到最大作用同时也是获得最大利益的国家正是德国与法国，所以，这两个国家并不希望欧盟成员们一个个离开队伍。但英国作为老牌的资本主义国家，无论是出于自身的利益考虑，还是仅仅为了加大在欧元区的话语权，脱欧的举动现在已然成为现实。开弓没有回头箭，欧洲大陆的未来是否光明还有待观察，但至少缺乏内部凝聚力的欧盟是无法取代美国来引领世界发展的。

除了欧盟之外，俄罗斯也是一股不可忽视的力量，但近年来俄罗斯的日子却并不好过。虽然走出了全球性金融危机的阴霾，但2014年的俄罗斯金融危机又让俄罗斯的经济发展速度放缓。这一事件不仅打击了俄罗斯经济体，同时也让俄罗斯的生产者和消费者都受到了损害，大大影响到俄罗斯的国际贸易与股票市场。

在俄罗斯金融危机的同时，美国白宫官员则认为，尽管发生了经济危机，但美国与欧盟因为俄罗斯之前吞并克里米亚的动作不会缓解针对俄罗斯的经济制裁。并且断言称，是俄罗斯于顿巴斯战役中援助了对抗乌克兰的新俄罗斯武装分子，美国相信经济制裁已经在当前对俄经济造成负面影响，并且希望此次经济制裁对俄的经济可以造成更多衰退。

很显然，处在经济制裁中的俄罗斯也并不具备取代美国引领世界的可能性。对于俄罗斯来说，能否度过此次金融危机的困境将会决定着其未来的发展，以及在国家政治经济格局之中的地位。而除了俄罗斯之外，日本也是一个在国际社会中不可忽视的存在。

第八章
全球经济大势

日本确实是一个能够创造奇迹的国家，作为一个小小的岛国，其在资源匮乏的情况下，却可以在亚洲战场一路攻城略地。而在经济建设方面，第二次世界大战之后，仅仅不到20年时间，日本就一跃成为世界第二大经济体，甚至在很早之前就表现出了超越美国的态势。

但随着日本经济泡沫的破裂，日本经济繁荣的景象开始衰退，寻求新的复兴之路成为日本人追求的一个新梦想，安倍政府想通过"安倍经济学"在21世纪创造出以往的奇迹来。但放眼全球各国经济的发展，日本虽然有较好的经济基础，可想要在经济总量上超越美国是不可能的，即使与中国之间也是存在着较大差距的。

那么在国际市场上，从目前的国际形势来看，真正能够继美国之后成为世界经济引导者的合适人选就只有中国了。在2017年12月18日，美国总统特朗普发布了自己上台以后的首个《国家安全战略报告》。在这份报告之中，中国被定位为美国"战略上的竞争对手"，同时也并没有排除同中国合作的可能性。

而在此前一个月，特朗普政府刚刚从中国带走了价值2535亿美元的订单。中美之间的大额贸易让世界各国为之侧目，也让人误以为美国也要开始走和平共处、共同发展的道路了。但实际上，美国的政策始终都没有改变过。

在2018年1月底发布的国情咨文中，特朗普更是将中国和俄罗斯看作挑战美国的对手，并给美国带来了可怕的危险。他说："在全球范围内，我们面临流氓政权、恐怖组织，还有像中国与俄罗斯等对手们挑战我们的利益、我们的经济和我们的价值观。"很显然，特朗普政府已经将中国视为美国在经济和军事领域的主要竞争对手了。

事实上，美国政府之所以把中国摆在自己的对立面上，是与中国近些年来的发展以及美国经济增速放缓有着直接关系的。2013年10月2日，中国国家主席习近平提出了筹建亚洲基础设施投资银行的倡议。随后在2014年10月24日，包括中国在内的21个首批意向创始成员国的财长和授权代表在北京签约。2015年12月25日，亚洲基础设施投资银行正式成立。

亚洲基础设施投资银行是一个政府间性质的亚洲区域多边开发机构。重点支持基础设施建设，主要是为了促进亚洲区域的建设互联互通化和经济一体化进程，同时加强中国与其他亚洲国家和地区之间的合作。

亚投行的建立是对旧有的国际金融制度的一场改革，在二战时期成立的由世界银行和国际货币基金组织所构成的国际金融制度已经不再适应现今时代的发展要求。虽然世界银行和国际货币基金组织通过了相应的股权比重和投票权比重改革的决定，但由于美国国会的反对，改革进展得并不顺利。

经过两年时间的发展，亚洲基础设施投资银行的成员数已经从57个上涨到84个，并已在12个国家开展了24个项目，撬动200多亿美元公共和私营部门资金，更是获得了三家国际评级机构的最高信用评级。从成绩上来看，亚洲基础设施投资银行取得了一个不错的开始。而从更深层意义上来看，亚洲基础设施投资银行的发展对于中国也有着重要意义。

首当其冲的就是人民币的国际化，在前面的章节中我们也曾反复讲到这一问题。人民币的国际化并非没有可能，只不过缺少相应的契机。中国凭借着大量的外汇储备降低了金融危机对自身的影响，但其他国家却无法做到这一点，所以对于美国利用美元来从其他国家赚取利益的做法，世界各国都存在着诸多不满。寻找美元之外的储备货币已成为世界各国的共同选择，随着人民币加入SDR，以及亚洲基础设施投资银行的成立，人民币的国际化迎来了绝佳的机会，亚洲基础设施投资银行的成立将很有可能动

第八章
全球经济大势

摇美元的霸权地位。一旦美元失去霸权地位,美国将无法再依靠美元来转移经济危机,从而在其他国家身上获益。所以从这一点来看,亚投行的成立触动了美国的根本利益。

当然,亚投行还在继续发展,而中国的人民币国际化之路也在继续进行。从短时间来看,当前国际上没有哪个经济体能够取代美国世界第一的位置,但从现今的国际局势中我们也可以清楚地看出,中国仍然在以一种"高速度"向前发展。相较于其他仍处于恢复发展期的经济体来说,中国无疑将成为美国之后世界经济的又一个领航者。

2018年全球资本大势

提到经济,就不能离开资本。作为经济中最为重要的因素,全球资本的运作和流向影响着世界经济格局的发展与变迁。在本书的最后,我们就来对2018年全球资本的走势进行一个简单的分析。其实,这种分析也是以经济学的理论与原理作为基础。如果能够将经济学中的基本原理搞清楚,我们自己也能够对未来的经济走势做出合理的预测。

自2008年开始,金融危机席卷全球,世界大多数经济体在此次危机中都遭到了严重打击,从而引发了资本市场的动荡。一直到2012年为止,全球资本市场由扩张到萎靡的趋势才有所缓解。在这4年时间中,全球资本市场万籁俱寂,始终在低迷中行进。

到了2012年,世界各国开始从金融危机中缓解过来,世界资本市场也开始有所好转。原以为世界经济迎来了复苏发展的局面,但随着2013年美联储退出量化宽松货币政策,各发展中国家开始面临严重的资本外流现象。资本纷纷从发展中国家转移到发达国家,同时还促进了股票市场的发展。

全球股市自2013年年初至年末累计攀升超过20%，其中，美国股市的表现尤其引人关注。整个2013年，道琼斯指数52次刷新历史纪录，并以26.5%的涨幅成为1995年以来表现最好的一年。纳斯达克指数也以38%的年涨幅成为2009年以来表现最佳的一年。

在2014年，美国放弃了货币量化宽松政策，但由于欧洲、日本和中国依然没有放弃货币量化宽松政策，所以美元开始出现加速升值的现象，这也使得国际资本开始加速流向美国，同时进一步促使美国股票市场出现较高涨幅。

2015年全球的经济活动依然疲软，新兴市场和发展中经济体的增长仍占全球增长率的70%以上，但这种增长速度已经普遍减缓。同时，发达经济体仍然在继续温和复苏，但表现出了一种不平衡的特征。

自2016年中期以来，全球经济开始的周期性上升势头开始加强，并且一直持续到了2017年。其中自2017年8月以来，英格兰银行首次上调了政策利率，欧洲央行也宣布从1月开始减少净资产的购买，直到量化宽松政策结束为止。发达经济体股票价格上涨的同时也带动了新兴市场股票指数的进一步上涨。

纵观经济危机之后的几年，世界经济的恢复发展并不是一帆风顺的，到了2018年，同样存在着影响全球资本走向的因素。我们只需要搞清楚这些事件背后蕴藏的经济真相，就能够看透其与经济发展之间的重要联系了。

特朗普政府的减税法案无疑是影响2018年全球资本走向的一个最为重要的因素。在2017年12月24日，特朗普签署了从2018年起美国实施大减税的法案。其内容为：把企业所得税从35%降低到20%，允许企业主从企业收入中扣减掉20%，同时这种对于公司的减税将会永久性实行。

第八章
全球经济大势

对此,国际货币基金组织在2018年1月发布的《世界经济展望》中提出:"预计美国的税收政策变化将刺激经济活动,短期影响主要来自公司所得税降低带来的投资增长。在2020年之前,税收政策变化对美国经济增长的影响都将是积极的,到2020年累计影响达到1.2%,但围绕这一核心预测情景有一系列的不确定性。由于一些条款具有临时性,预计这一揽子税收政策将导致2022年之后几年的经济增长放慢。2018~2019年全球经济增长累计上调的约一半来自一揽子税改措施对美国及其贸易伙伴产出带来的影响。"

事实上,在20世纪80年代时,美国里根政府也推出了一系列"经济复苏计划",实施减税法案。虽然质疑声不断,但从结果上来看,里根政府的改革举措不仅遏制住了美国经济的衰退,同时也创造了美国很长一段时期的繁荣景象。那么,特朗普政府的减税法案究竟会起到什么效果呢?具体的效果当然要等到实施之后才能看到,但特朗普减税法案的一些潜在影响却已经在逐渐发生。

早在特朗普政府大规模税改方案正式敲定之前,便已经有不少国家开始制定自身的减税方案。匈牙利政府在2016年11月宣布在2017年把企业所得税税率降至9%,成为欧洲最低和全球税率最具竞争力的国家之一。而德国也在2017年1月宣布对税制进行彻底改革,通过减税为企业和经济发展减负。印度于2017年7月在全国范围内实行统一的商品和服务税,预计将显著降低企业税负10%左右。英国的减税则于2017年4月开始生效。法国也在2017年10月底的国民议会上通过了政府2018年预算案中有关税收的系列措施。随着欧美国家纷纷开始税改的影响,日本政府也打算在2018年继续扩大企业所得税税率的减税幅度。显然,世界各国已经将减税作为一种拉动经济增长的重要手段,但为什么全球各经济体之间的减税步伐如此一致呢？这就要从减税背后隐藏的经济原理说起了。

"理性的人"是经济学中的重要原理，"理性的人"是对在经济社会中从事经济活动的所有人的基本特征的一个一般性抽象。这个被抽象出来的基本特征就是：每一个从事经济活动的人都是利己的。也就是说，每一个从事经济活动的人所采取的经济行为都是力图以自己的最小经济代价去获得自己的最大经济利益。

既然如此，那么我们继续来看美国的减税政策。现阶段，全球工业化国家的平均税率是22.5%，特朗普减税法案的出台将会大幅降低美国国内企业的经营成本，从而刺激美国资本市场的发展。对于投资者来说，少缴税就意味着多盈利，这样一来国际巨头企业就会扎堆去美国建厂，就必将掀起一阵海外资本回流美国的热潮，这对于美国来讲当然十分有利，但对于其他国家的资本市场来说就并不一定是好事了。

海外资本流入美国，也就意味着其他经济体将会出现大量的资本流出，这对于任何一个经济体而言都是一种巨大压力，作为世界第二大经济体的中国也将会受到严重的经济下行压力。资本回流美国，还可能引发境内资本的流动性紧张，从而影响到资产价格、商品价格，对股票市场和房地产市场都会造成一定的冲击。

2018年，美国便打响了"税务战争"的第一枪，这对于全球各国来说都是一个不小的挑战。美国普华永道的统计数据表明，中国大陆总体企业所得税占公司利润的68%，美国企业总体所得税率占公司利润的44%。即使如此，美国依然要进行大幅度减税，这对于中国的制造业来说无疑是一场严峻的考验。

当然，对于美国来说，这种减税法案也并不是有百利而无一害的。到2016年底，美国国家总负债达22.8万亿美元，美国GDP则只有将近18万亿

第八章
全球经济大势

美元。原本不去减税,美国还能勉强维持自身的债务水平,现在减税法案出台后,美国的财政收入将会在未来的10年内大幅减少2.4万亿美元。对于已经债台高筑的美国来说,如何平衡自身的收支水平将是接下来特朗普政府需要认真对待的课题。

总的来说,2018年的资本市场将在特朗普掀起的全球税收竞争中开始,随后欧洲的主要国家将会很有可能跟随美国一起进行减税,其他国家也将会出台各种措施来及时应对特朗普减税可能给本国带来的资本风险。至于具体的结果如何,就要看哪一方的策略更加高明一些了。